Cherry

桜の文化誌

コンスタンス・L・カーカー
Constance L. Kirker

メアリー・ニューマン
Mary Newman

富原まさ江 訳

花と木の
図書館

原書房

［……］は訳者による注記である。

桜の花。日本、福岡県

序章

春がサクラの木にもたらすことを、私もきみにしてあげたい。

――パブロ・ネルーダ[1]

美しいサクラの花や果実をただ眺めるだけでため息がもれ、楽しい気持ちになるのは万国共通だ。サクラが嫌いな人や、満開の花をつけた木々の美しさを無視できる人はいないだろう。だが、さらに魅力的なのは、サクラの花や実が多くの比喩的な意味合いを持ち、また五感にも刺激を与える存在だということだ。

サクラの熟した実は官能的でありながら愛らしく、多産、無邪気、誘惑などさまざまなイメージを想起させ、春に咲く花は人生の新たな始まりを暗示し、おもに豊かさを象徴する。花はまた美しくも儚《はかな》い人生を連想させ、若くしてこの世を去る悲しみや、ときには日本の「完璧な死」の概念を表すこともある。

より身近なところでは、サクランボ（cherry）は子供向けのアルファベット絵本の「C」や、色の絵本の「赤」のページにも登場する。二股の柄に実るあのおなじみの形は誰もが知るところで、SNSで使用された初期の食べ物の絵文字のひとつでもあり、相手との固い絆を表すのに使われる。

シェイクスピアの『真夏の夜の夢』（１６０５年）の登場人物ヘレナは、ひとつの柄になるふたつのサクランボを親密な友情にたとえている。

私たちは幼馴染
まるで双子のサクランボのように、体はふたつに見えても本当はつながっている。
一本の柄に生る、ふたつの可愛い実なのよ。

16世紀の画家ティツィアーノ、20世紀の作家D・H・ローレンス、ユーモア作家アーマ・ボンベックやグラフィックアーティストのアンディ・ウォーホルのようなポップ・カルチャーの代表的人物も、その作品の中でサクランボを象徴的に用いてきた。たとえばボンベックの著書『人生はボウルいっぱいのサクランボ？　私のボウルは種だらけ *If Life Is a Bowl of Cherries, What Am I Doing in the Pits?*』を読んだことがなくても、この題名が言わんとすることは伝わってくるだろう。サクラの花や果実は多くの国で歌にもなっている。日本では早くも18世紀から桜の花を愛でる歌が作られてきたし、フランスでは１８６６年に『さくらんぼの実る頃』が歌われ、１９６６年にはシンガーソングライターのニール・ダイアモンドが『チェリー・チェリー』という曲を発表した。カンヌ国際映画祭でパルム・ドールを受賞したイラン映画『桜桃の味』（１９９７年）が伝えているのは、人はサクランボを食べるといった些細《ささい》なことに人生の喜びを実感し、自殺を思い止まるきっかけになるかもしれない、ということだ。ハーマン・メルヴィルの小説『白鯨』でピークォド号の面々が巨大な白鯨と死闘を繰り広げる終盤、二等航海士スタッブは「死ぬ前に、一粒だけでも真っ赤なサクランボが食いたいなあ！」と叫ぶ。

哲学者は象徴としてのサクランボを用いて複雑な美の概念や、場合によっては現実そのものを説いてきた。学者はたわわに実ったサクランボの枝を使ってカントの快楽、善、美の概念を説明してきた。カントが比喩のもとにしたのは「バークリーのサクランボ」だ。哲学者ジョージ・バークリーは1713年の『ハイラスとフィロナスの三つの対話』［戸田剛文訳。岩波書店］の中で、サクランボを例に挙げて「存在する」とは「知覚すること」であると主張している。

実をつけたサクラの枝。ポルトガル、フンダン。

私はこのサクランボを見て、触り、味わいます。そして見られたり、触れられたり、味わったりできないものなど何ひとつないと確信し、このサクランボは実在すると言えるのです。柔らかさ、瑞々しさ、赤い色、酸味を取り除いたなら、それはもうサクランボではありません。サクランボは感覚と別個の存在ではないからです。サクランボは、様々な感覚器官で知覚される可感的形象や概念の集合体に他なりません。

フロイトは『夢判断』（1899年）のなかで、子供がサクランボを食べる夢を見たらそれは何かの願望を叶えたがっている証だとしたが、この概念はフロイト理論の核心を表している。

「cherry《サクランボ》」という語はとてもインパクトが強く、この語を使った表現や慣用句は多くあるが、大半は実際のサクラやサクランボとはほぼ関連性がない。たとえばプチトマトをcherry tomatoes、選り好みすることをcherry-picking、丸いかんしゃく玉をcherry bomb、いいことだらけという意味でbowl of cherry、ちょっとしたおまけをcherry on topと表現する。童貞（処女）を失うことはlose one´s cherry（サクランボを失う）と言うが、これは16世紀の詩に起源を持つ俗語で、当時多く使われていた性的な表現のひとつだ。

cherryは新しいものや未使用のもの、初心者という意味でも使われ、現代では犯罪の初犯者を指す俗語にもなっている。また、ベトナム戦争時、敵から初めて砲火を受けたアメリカ空軍パイロットたちはlost their cherry（サクランボを失った）と表現された。ボウリング用語でも、スペアを狙って手前のピンだけを倒すことをチェリーという。第5章では、美術やポップ・カルチャー、さらには神話や宗教においてサクランボがどのような位置づけかを深く掘り下げている。

その前に、第1章では桜の起源、各地の品種分布、栽培方法について紹介し、実のつけ方、収穫や出荷について、さらにどんな食品に加工されるかにも着目した。サクランボやサクラの樹皮は薬の原料にもなり、サクランボは抗酸化成分が含まれていることからスーパーフードとも呼ばれている。その一方、葉、茎、種、樹皮には毒性があり、下手をすれば人間や動物の命を奪いかねない。

高台寺の桜の木。日本、京都府

本書は、誰もが知っているサクランボだけでなく、その花、木、樹皮、葉、種、樹液にも言及している。一例を挙げると、中東ではサクランボの種の中にある仁という部分が様々な菓子の風味づけに使われている。また、ヨーロッパにはサクラの木から素晴らしい魔法の杖ができるという民話や、花をつけた枝で近い将来結婚するかどうかを占うことができるという言い伝えがある。

サクランボの経済価値をよく知るサクランボ生産国、たとえばポルトガルやフランス、イタリアなどでは観光産業として列車やハイキングでの「サクランボ狩り」を企画している。日本には船でしか行けない有名な桜の伝統的名所が数多くある。こうした観光産業は、春の訪れを予感させる桜の花を観賞し、初夏に生る繊細な果実を味わいたいという幅広い層の願望を反映したビジネスだ。

本書はある意味「サクラ街道」を進んでいくようなもので、サクラという植物を追い求める旅と言えるだろう。読者にもぜひこの旅を楽しんでいただきたい。言葉遊びをするつもりはないが、私たち著者は入手した厖大《ぼうだい》な情報の中からとても興味深い事実や物語を「選り好み」(cherry-picking)して本書を完成させた。ネルーダの詩に込められたのと同じエネルギー、生命力、再生の感覚を感じてもらえたら嬉しく思う。

メアリー・デイジー・アーノルド「早摘みのモレロ種」の水彩画。20世紀初頭。

第1章　歴史、栽培、消費

サクラには数百という種や変種、園芸種が存在するが、本書では最も一般的で特徴のある6つの種をおもに取り上げる。日本のサトザクラ（*Prunus serrulata*）はその美しい花で名高く、セイヨウミザクラ（*P. avium*）とスミミザクラ（*P. cerasus*）は実が食用として商業的に重要な位置を占める種だ。チョークチェリー（*P. virginiana*）は昔から薬として使用されてきた。マハレブ（*P. mahaleb*）の種からは一風変わったスパイスが作られる。アメリカン・ブラックチェリー（*P. serotina*）の木は非常に質が良いとして、世界中の木工職人に重宝されている。

サクラの分類や起源は複雑で、ときに論争の種にもなる。原始に描かれた草本誌からルネサンス期にメディチ家が収集した絵画まで、そこに描かれた品種を記録して特定し、分類方法を明らかにしようとする数々の試みが行われてきた。写真が普及する以前は、サクラのさまざまな品種を詳細かつ正確に記録する方法としてろう細工を製作していた。19世紀後半、アメリカ合衆国の主要な果物生産地において生産高が増加し始めると、ワシントンDCのアメリカ農務省はサクランボを含む果物を正確に識別する必要があると考えた。農務省は65名のアーティストを招集して水彩画に描かせ、ろう細工を製作させた。当時果物のろう細工製作は世界中で行われており、今も世界各地の施設で当時の作品を見ることができる。[1] ろう細工の果物は壊れやすく、修理には高額の費用がかかる。サクランボの柄を1本修理するのに何千ドルもかかったという例もあるほどだ。

もっと丈夫で、容易に目にすることができるのは農務省所蔵の7584枚の水彩画で、最近デジタル化されて一般公開された。このコレクションで最も多くの作品を描いた3人のうちのひとり、デボラ・グリスコム・パスモアは果物の実や樹木の水彩画を1000点以上手がけている。20世紀初頭、女性の芸術家が正式に依頼された最初の仕事のひとつがこの農務省の植物画であることは、とても興味深い。農務省は、サクランボの種や変種、園芸種の特徴を緻密に美しく描いたパスモアの絵を国宝級と見なしている。

とはいえ、サクランボの正確な起源と普及についての厄介な問題は未だに解決されていない。これまでの研究では、セイヨウミザクラの原産地はカスピ海と黒海に挟まれたカフカス山脈の南側、小アジア、イラク北部、シリア、ウクライナなどであることが報告されている。[2] サクラはこうした原産地から西ヨーロッパへと広がった。[3]

スミミザクラの原産地については、セイヨウミザクラと同じだとする説もあればアドリア海から中央ヨーロッパ、カスピ海から北ヨーロッパに広がる地域だという見解もあり、研究者の間でも意見が分かれている。また、スミミザクラはもともとセイヨウミザクラとグラウンドチェリー（食用ホオズキ）の交配種だった可能性もある。[4]

紀元前2世紀のローマ、ある屋敷の「掃除されていない床」のモザイクタイル。サクランボも描かれている。

セイヨウミザクラもスミミザクラも、鳥や人間、その他の動物を媒介して原産地から広がっていった。すでに紀元前722年にはメソポタミアの果樹園でサクランボが栽培されていたことがわかっている。古代ギリシャやローマでもサクラの木の存在は知られていた。ギリシャの歴史家ヘロドトス（紀元前484～425年頃）は、ポンティクムと呼ばれる木になるサクランボについて言及している。「この実はスキタイに住む、アルギッパイオイと呼ばれる民族の主食だった。彼らはそれぞれ自分が所有するポンティクムの下に居を構え、動物の毛で作った厚みのある白い布を巻きつけて冬の霜から木を守った」。また、ポンティクムの実からはアスキュという濃い液がとれ、彼らはこの液を飲料とし、その搾りかすで菓子を作ったという。[5]

古代ローマの博物学者大プリニウスや詩人ウェルギリウスも、サクラの栽培種に関しての記述を残している。大プリニウスは、サクラの原産地はアジアであり、紀元前74年にローマの将軍ルクッルスによってローマに持ちこまれたと主張している。ここで大プリニウスが指すサクラとは、ヘロドトスが言及したポンティクムに由来する、黒海南岸の町ポントスのサクラの変種のことかもしれない。[6]

大プリニウスは著書でジュニアンと呼ばれるセイヨウミザクラについても触れており、「味は良いが、食べるならもぎ立てに限る。実は傷みやすく、運ぶ途中で台無しになってしまうだろう」と書いている。[7] サクラの栽培はローマ人によって西ヨーロッパ中に広まり、やがてイギリスにも伝わった。当時ブリタニアと呼ばれていたイギリスに侵攻したローマ軍はサクランボの種を吐き出しながら進軍したため、イギリスに残るローマ街道には野生のサクラの木が生えているという伝説がある。[8]

初期のイスラムの果樹園には実と花をつけるさまざまな種類の果樹があり、サクラも栽培されていた。隊商の商人たちは、サクランボを他の食物や香辛料と交換していたという。イスラムの都市には多くの庭園があり、郊外にはオレンジ、レモン、リンゴ、ザクロ、そしてサクラの果樹園が広がっていた。

イギリスでは5世紀の西ローマ帝国滅亡とともにサクラの栽培も途絶えたが、1066年のノルマン侵攻後にサクランボが再び持ちこまれ、16世紀になるとイングランド南部のケント州でサクランボの栽培が盛んに行われるようになった。

1585年、フォントネ・ル・シャトーの領主ジャン・モレローは、アジアからフランスにサクラの木を持ちこんだ功績により騎士の称号を得た。それ以来、モレロー家の紋章にはサクラの木が描かれている。フランスでは「モンモランシー」という新種の開発も行われた。ルイ16世はサクラの栽培を奨励し、新種を開発することでフランス全土にサクラを普及させた。王妃マリー・アントワネットは夫から与えられた「村里」にサクラの木を植えるように命じ、凝ったヘアスタイルにサクランボを飾ったことでも知られている。[9]

ヨーロッパ中にサクラの栽培が広がっていく一方、ムガル帝国ではアクバル治世下の1556年から1605年に、セイヨウミザクラがカブールからインドに輸出された。アクバルお抱えの庭師たちはより甘い変種も開発している。[10]

新世界、つまりアメリカ大陸の先住民は何世紀にもわたってチョークベリーを食料としており、17世紀にはヨーロッパからの移民がセイヨウミザクラとスミミザクラの新品種を持ちこんだ。ノル

バルトロメオ・ビンビ『さくらんぼ』。1699年。油彩。キャンバス。

マンディーから入植したフランス人は北中西部、セント・ローレンス川と五大湖の近くにサクラの木々を植えた。これがもととなって、1800年代半ばからミシガン州やその他の北中西部の地域に商業用の巨大なサクランボ果樹園が作られるようになり、今日に至っている。スミミザクラの最初の商業用果樹園、リッジウッド・ファームはミシガン州トラヴァースシティ近郊に1893年に建設された。

18世紀、熱心な園芸家でもあったジョージ・ワシントンとトーマス・ジェファーソンは、広大な果樹園で数種のサクラを栽培していた。1816年、ジェファーソンは友人に宛てた手紙に「『カーネーション』という種［スミミザクラの一種］は他とは比べものにならないほど素晴らしく、同じサクラの仲間と呼ぶことすら憚《はばか》られるほどだ」と書いている。[11]

サクラを西部に持ちこんだのはアメリカ東部からの開拓者や毛皮商人たちだ。1847年、開拓者で園芸家のヘンダーソン・ルウェリングがアイオワ州からオレゴン州に300本の桜の木を運び入れ、1875年にはオレゴン州ウィラメットヴァレーでセイヨウミザクラの栽培が盛んになった。

英語のcherryという語の起源は古代にまでさかのぼる。ギリシャの哲学者テオプラストスは紀元前300年頃に、ケラスム（Kerasum 現在のトルコ北部の都市ギレスン）にちなんで彼がケラソス（kerasos）と名づけた赤く丸い実をつける大木について書いている［kerasosをラテン表記したものが、サクランボがなる木が属するサクラ亜属の学名*Cerasus*］。もっとも、この地で栽培されていたサクランボにちなんで町の名がつけられたのか、あるいはその逆なのか、実際のところはわかっていない。[12]

あらゆる場所でサクランボを栽培していたと言われる古代ローマでは、この実はラテン語でケラスム（cerasum）と呼ばれていた。これを語源として派生したのが古フランス語のcherise、現代フランス語のcerise、スペイン語のcereza、イタリア語のciliegia、ポルトガル語のcerejaだ。初期の古英語（アングロサクソン語）ではcirisが使われていたが、後の中英語ではフランス語のサクランボの複数形cheriseの影響を受けてcheriとなり、それが後にcherryとして定着した。サクランボ生産国では、品種によってさらに呼び名を使い分ける場合もある。たとえばフランスでは一般的にサクランボはcerisesだが、セイヨウミザクラはbigarreaux、スミミザクラはgriottesと呼ばれることが多い。

「ミシガン州トラヴァースシティのモーガン果樹園から出荷されるサクランボ」の絵葉書。1933年。

分類学的にはサクラはバラ科スモモ属(Prunus)であり、同じ属にはスモモ、モモ、ネクタリン、アプリコット、アーモンドなどがある「サクラ類をサクラ属に分類するかスモモ属に分類するかは国によって異なり、両方の分類が使われている」。一般にサクラを含むこの属の果実は、中心に硬い核を持つ「核果」と呼ばれる。

選抜育種「ある望ましい形質をもつ品種を選び出し、その品種同士のかけあわせを繰り返して育種すること」で栽培された植物を栽培種という。一方、変種は栽培種とは違い、自生して自然に繁殖する場合が多い。栽培種の育種プログラムは、果実の大きさや硬さ、質、自家結実性の有無、収穫期間の拡張、機械を利用した収穫作業への適応性を操作し、さらに早生品種(収穫時期が通常より早い品種)や収量が多い品種、雨による裂果が少ない品種、病害虫に強い品種を開発することが目的だ。台木「接ぎ木の土台となる植物」の育種は成長力、生育習慣、早成度、果実の品質、接ぎ木に対する適合性と伝播性、病害虫への耐性、土壌や環境条件への適応性などの形質に重点を置いて行われる。

セイヨウミザクラ（*Prunus avium*）

セイヨウミザクラは英語ではsweet cherryと表記される。イギリス諸島ではwild cherryと呼ばれることもあるが、それ以外の国や地域ではwild cherryといえば野生のサクラを指すため、少々紛らわしい。

樹高は9〜12メートルに成長し、枝はまっすぐに伸びて円錐形を作る。樹齢は60年前後だ。セイヨウミザクラは果実の色、形、食感によって4つのグループ――ブラックギン、アンバーギン、ハート、ビガローに細分化することができる。[13] 植物の遺伝子型におけるDNA研究は、今後の遺伝資源の収集管理やサクランボの育種プログラムにおける遺伝子型の選択に役立つだろう。[14] たとえば、ケント州のブログデイル果樹園内には果樹と遺伝資源の収集・保存機関の英国ナショナル・フルーツコレクションが設置され、セイヨウミザクラ300種以上が登録されている。もっとも、実際には900種以上が存在すると考えられるため、これはまだほんの一部に過ぎない。

ブラック・タータリアンはサクラの栽培種としては最古種のひとつだ。一時期、この品種はセイヨウミザクラ種で最も多く栽培されていた。1676年にイギリスの園芸家ジョン・レアが出版した著書にこの名が登場するが、実際にはもっと以前から栽培されていたようだ。最初にこの種に言及したのは1552年、ベルギーのメヘレン出身の博物学者ロバート・ドドニーだとされる。

イングランド、サリー州ハンプトン・コート宮殿、垣根仕立てのサクラの木。

1818年に出版されたウィリアム・フッカーの著書『ロンドンの果実 *Pomona Londinensis*』によると、ブラック・タータリアンは「ブラック・チェルケシアン」や「ロナルズ・ラージ・ブラック・ハート（ロナルズの大きく黒い心臓）」としても知られており、かつて存在していたチェルケシア国（現在のロシアの一部）から1794年に園芸家ヒュー・ロナルズによってイギリスに持ちこまれたと考えられている。19世紀になって、この種はアメリカに持ちこまれた。1860年にオレゴン州ユージーンに植えられたブラック・タータリアンは、移植された木で現在も結実する最古の木の1本だ。[15] 残念ながら、ブラック・タータリアンの実は輸送に向かず商業用には適さない。とても軟らかいため形が変形しやすく、褐色腐敗病にもなりやすいためだ。

サクラに命名する際に別の種と取り違えたという話は結構多い。1847年にヘンダーソン・ルウェリングがアイオワ州からオレゴン州まで300本のサクラの苗木を桶に詰めて運んだ際にも、そのうちの1本のラベルが紛失したため改めて「ロイヤル・アン」と名づけられた。だが、実際には「ナポレオン」という名の栽培種だったのだ。現在もこの品種は両方の名で呼ばれている。[16]

ビングチェリーは現在、アメリカで最も人気のあるセイヨウミザクラの品種で、一般的にセイヨウミザクラを収穫する際の基準に用いられる。たとえばシュランという品種はビングチェリーの10〜12日前に、ラパンという品種は10〜14日後に収穫するという具合だ。ビングチェリーは輸送に適しているので大半が生鮮市場に出荷されるが、収穫時期近くに雨に打たれると裂果しやすくなる。ビングチェリーはブラック・リパブリカンという品種の交配種を移植したもので、1875年にオレゴン州の園芸家セス・ルウェリングによって開発された。彼は自分が所有する果樹園の責任者だった中国人アー・ビン（Ah Bing）にちなみ、この品種をビングチェリーと命名した。[17]

ビングに似たフランス原産のサクランボ、ビュルラは自国で最も人気のあるセイヨウミザクラで、サクランボの国内年間総売り上げの50パーセント以上を占めている。第一次世界大戦からフランスの故郷に帰還したレオナール・ビュルラという兵士が野生のサクラの挿し木を持ち帰り、栽培したのが始まりとされている。[18]このビュルラはフランス公式のサクランボに指定されており、優れた農産物の生産場所を表示するフランス政府の認証「アペラシオン・ドリジーヌ・コントロレ（原産地呼称）」を取得した。[19]

メアリー・デイジー・アーノルド「ブラックタータリアン種」の水彩画。20世紀初頭。

イタリアのサムミケーレ・ディ・バーリの北西にある鉄道沿線付近に自生していたセイヨウミザクラの種子から開発された変種は、1930年代に「フェロビア」と名づけられた。[20] 現在はイタリアが管理する原産地呼称「デノミナツィオーネ・ディ・オリージネ・プロテッタ」を取得している。20世紀に導入されたセイヨウミザクラの変種レイニアはビングとヴァンの交配種で、果皮は赤みを帯びたクリーム色だ。果皮が赤いサクランボは傷むと茶色に変色するため、収穫や梱包の際には細心の注意が必要となる。レイニアはうどんこ病や雨によって裂果しやすく、醸造するか新鮮なうちに食べるのに適している。

大半のセイヨウミザクラの品種は花粉媒介者を必要とするため、育種プログラムでは媒介者を必要としない自家結実性の品種開発を目指している。1968年、カナダ農務省の研究所は自家結実性の「ステラ」という品種を開発した。この品種は必ずしも花粉媒介者を必要としないが、媒介者を用いたほうがより良い結果を得られる。ステラは自家結実するだけでなく、ビングのちょうどいい受粉樹となる。自家結実する別の品種ラパンも人気が高い。セイヨウミザクラの受粉樹を選ぶ際には、双方の品種の開花時期が合うかを考慮することが重要だ。

マザードはセイヨウミザクラの台木で生命力が強く、様々なセイヨウミザクラの接ぎ木に使用される。商業的にも重要で、通常は水はけの悪い場所で栽培されている。樹高は成木で6メートル以上になる。他の品種と比べて成長は緩やかだが、マザードの台木は風格があるので伝統的な果樹園によく似合う。その反面、大木だと実を収穫したり鳥から守ったりするのが困難になる。クリムスク6はロシアの育種プログラムで開発された半矮性台木［果樹などを小型にする性質を持つ台木］で、

1960年代のヴィンテージ品、サクランボの木箱のラベル。

レイニアは甘みが強い品種で、缶詰に加工されることも多い。

最近は以前より入手しやすくなってきた。コルトは1958年にイギリスで開発されたセイヨウミザクラとシロバナカラミザクラの交配種で、ウイルスが原因で起こるステムピッティング病［実が小型化したり樹皮に窪みができて萎縮したりする病害］、根腐れ、かいよう病［細菌が寄生して葉、茎、果実にコルク状の突起やくぼみを形成する病害］、リスにかじられて生じる被害に抵抗力があることで知られている。[21]

スミミザクラ（*Prunus cerasus*）

英語ではsour cherry, tart cherry, acid cherryなどと呼ばれるスミミザクラは、セイヨウミザクラとグラウンドチェリー（*P. fruticosa*）が偶然に交配してできた種と考えられている。グラウンドチェリーはセイヨウミザクラとスミミザクラ両方の親植物だというのが定説だ。

スミミザクラには大きく分けてモレロとアマレルの2種類があり、色の濃さで見分けることができる。アマレルの果皮は赤いが果肉は白っぽく、モレロは果皮も果肉も赤い。

品種としては300以上あるが、栽培されているのは数種に限られている。中央ヨーロッパでおもに栽培されるスミミザクラの品種は、スカッテンモレルまたはイングリッシュ・モレロと呼ばれている。[22]スミミザクラはヘンリー8世の時代にイギリスで人気があり、ケント州のおもな農作物となった。アメリカに到着したイギリス人入植者が最初に植えたスミミザクラの木にはケンティッシュ・レッドという名がついている。

アマレル種のモンモランシーはアメリカで最も多く栽培されるスミミザクラで、総生産量の約90

パーセントを占めている。[23] モンモランシーは400年前から栽培されており、フランスのモンモランシー渓谷が原産地だ。[24]

北アメリカのスミミザクラの品種は遺伝子の多様性が限定されていたことから、ヨーロッパのスミミザクラ数品種の研究が進められた。1996年、ミシガン州立大学でハンガリーの都市ウーイフェヘールトー原産のスミミザクラが栽培され、バラトンという品種名がつけられた。[25] バラトンの実はモンモランシーよりも大粒で引き締まっており、色が濃く、甘く、水気が多い。

スミミザクラは水はけが悪い土地でも栽培でき、セイヨウミザクラよりも病虫害に強い。また、一般的なセイヨウミザクラとは違い自家結実性の品種が大半を占める。つまり、花粉を別の木から調達しなくても自身で受粉するため、受粉樹の数は通常より少なくていいということだ。

ギゼラはドイツでスミミザクラとプルヌス・カネスケンス種（*P. canescens*）を交配して開発された台木で、他の品種より開花と熟期が2～4日早い傾向にあるためヨーロッパでは人気が高い。熟期が早ければ他の品種より早く収穫して市場に出し、大きな利益を得ることも可能だからだ。ただし、霜の影響を受けやすい地域ではこの特徴が逆に欠点となる。[26] ギゼラ5は半矮性の台木で、高さは2～3メートルほどと扱いやすいため、国内の園芸家に人気の品種だ。

デュークはセイヨウミザクラとスミミザクラの交配種だ。[27] 果実はセイヨウミザクラの実に似ているが、味はスミミザクラの性質を受け継いで酸味がある。

デボラ・パスモア「モンモランシー種」の水彩画。20世紀初頭。

アメリカン・ブラックチェリー（*Prunus serotina*）

アメリカン・ブラックチェリーは他にもワイルド・ブラックチェリー、マウンテン・ブラックチェリー、ラム・チェリーなど複数の呼び名を持つ。ラム・チェリーという名は、この品種が18世紀の植民地時代にラム酒やブランデーの風味づけに使われ、チェリーバウンスという名で広く親しまれたことに由来しているとされる。だが、それよりもこの種は深い赤褐色の樹木が丈夫で硬く、木目が細かいことで有名であり、木材はキャビネットや家具の材料として重宝されている。

ブラックチェリーの木の断面。

ブラックチェリーは自生するサクラの木のなかで最も大きく、高さは24～30メートル、幹の直径は１・２～１・５メートルにまで成長する。また、樹齢が２５０年に達することもある。日陰に対する耐性はなく、伐採や山火事などで裸地となった場所や木漏れ日がさす土地、古い畑、柵沿いなど、他の樹木との競合が少なく、十分な日照時間を確保できる土地に生育している。ブラックチェリーの種子は土中に長く留まり、発芽する場合もあるため、裸地でも二次遷移［その地に種子や株が侵入し、定着すること」することは珍しくない。

北アメリカでは石炭採掘のため何百万エーカーもの森林が破壊されてきた。ブラックチェリーの木は、そうした地域の緑化、侵食防止、野生生物の生息環境の強化を目的に植樹されることが多く、成木になると伐採されて経済的利益を生み出す。

ブラックチェリーの樹木は北アメリカ原産だが、20世紀に観賞用植物としてヨーロッパに持ちこまれて帰化種となり、その後多くの国の森林で広く植樹された。ヨーロッパではときにブラックチェリーは侵入種と見なされ、オランダでは校外学習でブラックチェリーの苗木を引き抜く子供たちの姿を見ることもある。[28]

チョークベリー（*Prunus virginiana*）

一般にチョークベリーという名で知られるこの種はワイルドチェリーと呼ばれることもあるが、イギリスではセイヨウミザクラをワイルドチェリーと呼ぶこともあるため区別が難しい。バードチェリーという呼称もあるが、エゾノウワミズザクラ（*Prunus padus*）も同じ名で呼ばれることがあるため、こちらも紛らわしい。

チョークチェリーはおもに原産地である北アメリカの広い範囲に生育している。低い小木で、高さが9メートルを超えることはめったにない。多くの先住民は喉の痛み、下痢、出産後の出血などさまざまな症状に薬として使用する一方、日常の食事にも取り入れていた。チョークベリーという名は、果実の渋味が強いため喉がむせかえる《チョーク》ほど苦いというのが由来で、生で食べるよりもゼリー

ミシガン州トラヴァースシティの栽培果樹園の近くに生育する野生のチョークチェリー

の原料にすることが多い。1629年に北アメリカからイギリスに輸出され、現在はおもに観賞用の造園植物として栽培されている。

サトザクラ（*Prunus serrulata*）

サトザクラは日本では里桜と表記され、他にはヒルチェリー、オリエンタルチェリー、東アジアチェリーとも呼ばれている。ヤエヤマザクラとして知られている変種など数百種類もの栽培種がある。[29]

サトザクラは日本、韓国、中国などの原産国をはじめ世界の多くの温帯地域で、おもに観賞用として栽培されている。基本的にサクラの花弁は5枚だが、品種によっては100枚のものもある。色は白からピンクまで様々だ。Prunus属には他にも日本で栽培される観賞用の桜が多く存在し、そのなかには盆栽にもなるシダレザクラ（*Prunus pendula*）やマメザクラ（*Prunus incisa*）などがある。[30]

同じくサトザクラの変種オオシマザクラ（*Cerasus*

花をつけた京都の東寺《とうじ》の桜。

神戸の生田神社の二重桜。

神戸の生田神社の一重桜。

speciosa / Prunus speciosa）は美しい花と食用の葉で有名だ。この葉は桜餅を包むのに使われる。

日本の桜は昔から果実の収穫よりも花を観賞する目的で栽培されてきた。なかには小さな実をつけるものもあるが、たいてい酸味が強く、人間より鳥が好んで食べる。日本政府は1922年に樹齢が長い5つの桜を国の天然記念物に指定した。そのうちのひとつ、静岡県富士宮市にある樹齢800年のヤマザクラは狩宿《かりやど》の下馬《げば》ザクラと呼ばれ、鎌倉幕府の初代征夷大将軍、源頼朝がこの木に馬を繋ぎ止めたという伝説がある。[31] 江戸時代の第15代将軍徳川慶喜は和歌をたしなみ、日本人がこの美しい狩宿の下馬ザクラを見て感じる気持ちを歌に詠んだ。

あわれその駒のみならず見る人の
心をつなぐ山桜かな[32]

マハレブチェリー（*Prunus mahaleb*）

マハレブチェリーはロックチェリー、セントルイスチェリーという名でも知られている。落葉低木または小木で、高さは成木で10メートルほどだ。矮性《わいせい》で強い根系を持ち、多くの病害や霜の影響を受けにくく水分が乏しい土地でも生育するため、セイヨウミザクラやスミミザクラの栽培種の台木として頻繁に用いられる。

マハレブチェリーは東ヨーロッパ、中東、北アフリカで何世紀にもわたって栽培されており、果実およびアーモンドのような味がする仁の両方が食用になる。果実は暗赤色で小さく、ほんのりと苦味があり、紫の染料にも用いられる。だが、最も一般的な用途は軟らかい種の仁を粉状にしてマハレブというスパイスにすることだ。このスパイスのアラビア語名には、*mahlab, mahalab, mahleb, mahaleb, mahlep, mahalep, mahlepi, machlepi, makhlepi* など多くの綴りが存在する。風味と香りはビターアーモンドに近い。種には多価不飽和脂肪酸が豊富に含まれ、食用油の原料にもなる。

ロイヤル・チャールズ・ステッドマン「マハレブ種」の水彩画。20世紀初頭。

◉サクランボ農園の運営

サクランボは温帯気候で生育し、開花には一定時間の低温状態が必要になる。セイヨウミザクラの場合、大半の品種は約900～1000時間、スミミザクラではそれより少し長く7度以下に保つことが必要だ。サクランボの種子が発芽するために低温環境は必須であり、そのためサクラは熱帯気候では生育しない。

開花や実止まり［正常に実が生ること］は春に降りる霜に左右されるが、スミミザクラはセイヨウミザクラより丈夫で、一般的に開花が遅い。熟したサクランボは日照時間が長すぎると傷むこともあり、セイヨウミザクラの実は雨が続くと裂果しがちだ（余分な水分を吸収して実が割れてしまう）。雨の多い地域では裂果が起こりやすいため、セイヨウミザクラは夏の乾燥した生育条件を備えた地域でよく育つ。質の高い実を収穫するには気温、日照時間、雨などすべての要素のバランスをとる必要がある。

春に霜が降りたり真冬の気温が低かったりすると、その気温変化によってサクランボの生産量は大きく変化する。たとえば、2017年5月上旬にアメリカで起こった雹災《ひょうさい》の影響で、ミシガン州のスミミザクラの実の生産量は前年に比べて23パーセント減少した[33]。

セイヨウミザクラの多くは同じ品種同士で受粉しても結実しないため、適切な受粉樹を近くに植えなければならない。受粉樹を必要としない品種は少数のみ（ステラ、ラパン、スウィートハートなど）だが、セイヨウミザクラ種であればどれでも受粉樹として利用できるというわけでもない。

一方スミミザクラは自家結実性で、自身の花粉で受粉する。

サクラは昆虫を媒介して受粉する虫媒植物だ。セイヨウミツバチ（*Apis mellifera*）を利用することで、大規模な果樹園や野生の受粉樹が不足している果樹園では収穫高を2〜4倍にすることもできる。サクラは春先に開花するが、ミツバチは15度以下や風が強く湿った環境では花粉を採集しないため、ミツバチにとって好ましくない環境でサクラが開花すると結実が悪くなり、収穫高が減少することもある。通常ミツバチは午前中に採集活動をするので、巣箱は南向きに設置して朝日をたっぷり当てることで活動を活発化させると良い。また、農薬散布や午前中の草刈りはミツバチの活動を妨げるおそれがあり、受粉に重大な影響を及ぼしかねない。

スミミザクラは通常、最初の収穫まで3〜5年、完全に成熟するまでに7〜11年かかる。セイヨウミザクラは通常5〜7年で初収穫を迎える。両者とも結実する年数は樹齢よりも短く、16〜20年というのが一般的だ。早晩性［収穫期になるまでの栽培期間についての特性］、樹齢の長短、生産性は、その台木品種によって異なる。

サクランボの種子は進化を遂げて鳥が食べるようになった。鳥の素嚢《そのう》［消化管の一部分で、食物を一時的に貯蔵しておくための器官］や他の消化器官を経由しない限り、種はうまく発芽しない。また、鳥の種類によっては、種子は母樹から遠く離れた場所にも散布される。特定の品種は同じ種同士で受粉するが、そうでない場合の苗は2品種の交雑種となる。

サクラの木を増殖させ、なおかつ費用対効果を高める確実な方法として、栽培業者も素人園芸家も接ぎ木という技術を取り入れている。まず望ましい栽培種を選び、前年に伸びた枝で芽が数個つ

マサチューセッツ州ノースバラの農場トゥガス・ファミリー・ファーム。サクラの木にネットが張られている。

いているものを選ぶ。これは穂木と呼ばれ、別の若木、つまり台木の下部に穂木を接合する。うまくいけばその木はひとつの植物として成長する。この場合、成木の上部が穂木であり、その木は穂木の特徴を受け継ぐものとなる。

接ぎ木により、既知の品種とその栽培種の特性は正確に保持される。接ぎ木された果樹は、台木の特徴をもとに大きさ、耐病性、早熟度、様々な環境条件への順応性をある程度予測することが可能だ。また、1本の木に複数の品種を接ぎ木すれば、興味深い新品種を開発することもできる。

ムガル帝国時代の庭園は見た目に美しいだけでなく園芸実験の場でもあり、接ぎ木を有効に活用していた。皇帝ジャハーンギールは「宮廷の庭園にセイヨウミザクラを接ぎ木して増殖するよう、カシミール地方の官吏に命じた」とされている。[34]

現在も園芸業界では接ぎ木の実験が続いている。家庭や地域の農園で園芸に携わる人々は、創意工夫を凝らした接ぎ木を行うことでサクランボの遺伝的多様性やエアルーム品種〔先祖代々引き継がれてきた固定種〕を守ろうとする草の根運動に乗り出した。多種多様な穂木が、このような熱心な愛好家の間で保存、共有されている。

ニューヨーク州シラキュース大学の教授でもあるアーティストのサム・ヴァン・アーケンは1本の台木に40種類の核果を接ぎ木し、春に色とりどりの花が咲き、夏にはいろんな実をつける素晴らしい芸術作品を生み出した。この独特な生きた彫刻は一般の人も見ることができるよう数か所に植えられ、「40果実の木 *Tree of Forty Fruits*」と呼ばれている。[35]

ウクライナのリヴィウ郊外の小さな農場。手作りの鳥よけネットでサクランボを守る。

大プリニウス（23〜79年）は著書『博物誌』の中でさまざまな接ぎ木の方法について言及しているが、接ぎ木の適合性については理解が不足していたようだ。

文明生活に欠かせない接ぎ木について人間はこれまであらゆる試みを行っており、その技術はとうの昔に頂点に達していた。それこそウェルギリウス［紀元前70年に生まれたローマの詩人］が堅果類の木をイチゴの木に、リンゴの木をプラタナスに、サクラをニレの木に接ぎ木する手法を語っているほどに。[36]

複数の果樹をあまり近くに植えると日光と養分を奪い合うことになる。もし一定面積に多く植えるのであれば剪定《せんてい》を行ってより多くの日光を取りこみ、空気の流れをよくする必要がある。定期的に剪定すれば質のよい実がつく確率も増す。

ただし、ある程度成長してから剪定するより初めから望む形になるよう木を仕立てる［管理しやすい形に植物を誘導すること］ほうが効率的だ。格子垣や塀を使って枝を垂直方向に伸ばす垣根仕立て栽培は、昔から成果を上げてきた。ヴェルサイユ宮殿の「王の菜園」は今も当時の様子を忠実に再現しており、そのなかにはこの垣根仕立てで植栽されたサクラの木々もある。フランス式庭園をこよなく愛したジョージ・ワシントンは、ヴァージニア州マウントバーノンの私邸の家庭菜園にサクラの木を植えた。この木々は今も結実し、毎年収穫されたサクランボで作ったジャムが敷地内の売店で売られている。同様に、枝が直立して伸びる特性を持つセイヨウミザクラ種向けにUFO（Upright Fruiting Offshoots）という新しい仕立て方も開発されている。

現在、多くのサクラの果樹園では矮性の台木を使用して高密度な植栽が行われ、日照時間を最大限に確保して果実の収穫高と品質を向上させ、作業従事者の負担を軽減する仕立て方が採られている。果樹の管理を円滑に行うためには異なる品種を用いて収穫時期を延長し、老木を植え替え、丘

ムガル帝国の宮殿庭園で、サクラの接ぎ木の様子を見守るジャハーンギール皇帝（在位1605 ～ 27年）、17世紀。

陵地に段々畑を作り、病害予防を適切に行い、害虫や鳥の被害を防ぐためのネットを設置しなければならない。

スミミザクラは比較的病気になりにくいが、セイヨウミザクラは感染しやすい。褐色腐敗病は花腐病とも呼ばれ、2種類の灰星病菌（*Monilinia laxa* / *M. fructicola*）によって発生する真菌病だ。だが防除対策は比較的簡単で、開花期に1～2回殺菌剤を散布するだけだ。同じ真菌が病原体となって収穫後の腐敗の原因となる場合もあるが、予防として収穫前に薬を散布することで症状を軽減することができる。

かいよう病はシュードモナス・シリンガエ（*Pseudomonas syringae*）という細菌によって発生する。感染すると枝の一部や場合によっては木全体、特に若木の樹皮がはぎ取られて枯れてしまう。現時点では銅剤や抗生物質剤の使用がある程度有効であることがわかっているが、決定的な防除法はまだ確立されていない。

サクラミバエはサクランボに寄生する一般的な害虫で、この幼虫を根絶しなければ収穫に大きく影響することは確実だ。対策として害虫を感知し農薬を噴射する機械も開発されており、機械がその季節初のミバエを検知すると7～10日の間に適切な有機リン酸系殺虫剤が散布される。[37]

オウトウショウジョウバエ（*Drosophila suzukii*）は果実に寄生するアジア原産の害虫で、北アメリカやヨーロッパでは2008～2010年に相次いで確認された。[38] この新たな侵入害虫の防除方法については、現在盛んに研究が行われている。メスは収穫前の完熟した果実の中に産卵し、孵化した幼虫は果実内を食害する。これにより果実にはしわが寄って軟化、変色して腐敗するため売り物にはならなくなる。この食害に耐性のある品種やより効果的な対策についても、研究が進められている。

ワシントンDCに拠点を置く非営利環境市民団体EWGが毎年公開する「残留農薬が多い野菜・果物ランキング」の2017年版では、サクランボが第7位に入っている。[39] 農薬に頼らずにうどんこ病や黒アブラムシをどう防除すればいいか、サクランボ生産者にとっては頭の痛い問題だ。

鳥はサクランボの種子を運ぶ重要な役割を担う一方で生産者にとっては宿敵でもあり、鳥があっという間に果実を傷つけるのを防ぐのに四苦八苦している。鳥による食害は品質の劣化、害虫や病原体による耐性低下につながるが、サクランボは熟す前に摘むと熟化が止まってしまうため、鳥が実を傷つける前に収穫時期を早めることもできない。イングランドのデヴォン州にあるテイマー・ヴァレーで果樹園を営むジェイムズ・マーティンは、ムクドリの群れが数時間のうちに1年分の収穫量の果実を損なう様子を目の当たりにしたという。ハトも、熟す直前の実を食害するため悩みの種だ。サクラの実を鳥から守る唯一の効果的な方法

イギリスのデヴォン州テイマー・ヴァレーで果樹園を営むジェイムズ・マーティンと、歴史あるサクラの木。

は木全体か、少なくとも個々の枝にネットを張ることだ。鳥の模型を置く、CDやアルミホイルをぶら下げるなどの対策で鳥を追い払うことは可能だが、一時的な効果しか望めないだろう。

商業果樹園の経営者にとっては実用的なアドバイスではないが、素人園芸家にはイギリスの政治家であり作家でもあるジョセフ・アディソン（1672～1719年）のこの言葉が参考になるかもしれない。「私はサクランボよりクロウタドリでいっぱいの庭園に価値を覚える。正直な話、彼らのさえずりを楽しむお返しにサクランボを与えているようなものだ[40]」

◉サクランボの生産と消費

サクランボは世界中で愛されているが、消費量が最も多いのは旧ソ連と東欧諸国だ。おもに生産国で消費されると仮定した場合、北アメリカではひとり当たりの消費が約1・5キロなのに対し、ハンガリーでは約6キロとなっている。[41]

国連食糧農業機関（FAO）のデータによると、2016年の世界最大のサクランボ輸入国はロシアで、世界全体の約15パーセントを占めている。オーストリアとドイツがそれぞれ12パーセントと続いているが、オーストリアのひとり当たりのサクランボ消費量はドイツの10倍にも上る。8パーセントで4位にランクインしたイギリスではサクランボの需要が国内生産をはるかに上回っており、2009年に国内の商業果樹園が供給できたのは需要量の5パーセント程度だった。近年ではイギリス国内のサクランボ生産量は増加傾向にあり、特に先進的な鳥類侵入抑制技術と新品種の矮性台

サクランボの年間生産量の多い国 （生産量　トン）

1	トルコ	445,556
2	アメリカ合衆国	329,852
3	イラン	172,000
4	スペイン	118,220
5	イタリア	110,766
6	チリ	83,903
7	ルーマニア	82,808
8	ウズベキスタン	80,000
9	ロシア連邦	77,000
10	ギリシャ	73,380

木の導入によって収穫高を上げ、それまで短かった栽培期間を延ばすことに成功している。

サクランボの市場価値は高く、セイヨウミザクラの国別輸出による世界の売上高は２０１６年には24億ドルに達した。ここに示した表は、国連食糧農業機関のデータベースＦＡＯＳＴＡＴが発表した２０１６年のサクランボ年間生産高の国別データだ[42]。

このデータはセイヨウミザクラとスミミザクラを合わせた数で、生産量第1位は世界全体の21・5パーセントを占めるトルコだ。３・１パーセントで第2位の北アメリカは、10年前までは生産量第1位だった。

チリはサクランボ生産量第6位、輸出量はアメリカに次いで第2位だ。かつては北アメリカやヨーロッパ市場への輸出に力を入れていたが、現在は香港と中国がチリ産サクランボの最大の輸入国であり、２０１０年の輸出量は１９９５年に比べると807パーセントの成長を遂げた。これは、チリから中国への長距離輸送の改善と、チリ産サクランボが中国の旧正月と同じ時期に熟すことを利用したマーケティング努力の結果である。

◉健康効果

現在は生のサクランボを食べるのは普通のことだが、かつて生の果物は医学的に見て健康に悪いとされていた時代があった。[43] 2世紀のローマ帝国の医師ガレノスは、果物が体にいいとしたらせいぜい下剤代わりになるくらいだと言い、果物を食べるときには注意が必要だと警告した。彼は著書で「人間にとって果物は食物としてではなく、薬としてのみ必要である」と述べている。[44]

中世の理論では、すべての食物は健康を維持するための「薬」だと考えられていた。『健康全書 *Tacuinum Sanitatis*』は豊富な図版が掲載された15世紀の養生訓で、11世紀のアラブの医師イブン・ブトラーンが著した書物『健康表 *Taqwim al-sihha*』をもとにしている。『健康全書』には食物や植物の効能や有害性について書かれており、また何百もの図版は料理や農業活動など当時の日常生活を知る詳細かつ貴重な資料だ。サクランボの収穫の様子も描かれ、健康効果や用途についての記述もある。セイヨウミザクラは「胃を緩め」、スミミザクラは胆汁性の発作を治し、水分を排出して胃の不調を和らげると考えられていた。[45]

漢方ではサクランボには「温」と「甘」のふたつの特性があるとされる。「温」は体を温める効能で、「甘」は体を潤して精気を補い、急性反応を軽減したり他の食品の毒性を中和したりする。

中世末期にイタリアのサレルノにあったサレルノ医学校の読本にはこんな記述がある。

サクランボ、多くの恵みをもたらす素晴らしき果実よ！
口に甘く、体液を浄化し、体中に新鮮な血を巡らせ
結石をも取り除いてくれる[46]

昔は血圧を下げるために利尿剤としてサクランボを使用していた。サクランボにはカリウムが多く含まれることがわかっているので、これは理にかなっている。1日に必要なカリウムは3・5グラムと言われており、カップ1杯（154グラム）のサクランボからこの必要量の10パーセントを摂取することができる。

サクランボはミネラル（カリウム、カルシウム、鉄、マグネシウム）やビタミン（A、C、B6、E、葉酸）が含まれているため健康によく、ホウ素は骨を強化すると考えられている。一方、脂肪やナトリウムはほとんど含まれていない。

この10年間でサクランボを「スーパーフード」とする数多くの記事や報告書が登場した。2008年9月26日の『デイリー・メール』紙ではサクランボを液状で摂取するといいとして、こんな見出しが掲載された。「注目のスーパーフード：コップ1杯のサクランボ果汁は23品目の果物に相当する」。サクランボの鮮やかな色はアントシアニンと呼ばれる天然色素で、見た目に美しいだけでなく栄養も豊富だ。アントシアニンはフラボノイドと呼ばれる化合物群に属し、抗酸化作用

もある。

抗酸化物質はフリーラジカル［対をなさない電子をひとつまたはそれ以上もつ原子または原子団。増えすぎると病気の原因になることもある］を防御し、ガンや老化、心臓病、脳卒中、炎症、痛風を予防または軽減する。抗酸化能力は酸素ラジカル吸収能（ORAC）によって数値化され、新鮮なスミミザクラのORAC値は同量の新鮮なイチゴの1・5倍だ。[47]

サクランボは、体内で自然に生成される抗酸化物質メラトニンを含む数少ない食物のひとつであり、生体リズムや自然な睡眠パターンを調整するのに役立つ。スミミザクラの果汁の濃縮液を摂取

エアーズ社が販売するチェリー味の風邪薬のトレーディングカード［広告やイラストを入れて商品に同封したカード］。19世紀。

すると睡眠時間と質を改善できると考える研究者もいる。[48]
とはいえ、当然ながら完璧な食物などというものはなく、サクランボアレルギーを持つ人もいる。よくある症状は口の中がピリピリしたり、唇や舌、口の中の上部、喉が腫れたりすることだが、なかには吐き気や嘔吐、じんましん、鼻づまり、味覚異常、まれにアナフィラキシーショックを起こす場合もある。サクランボアレルギーはそれほど一般的ではなく、アレルゲンリストの上位8位までには入っていない。サクランボアレルギーがある場合、モモやアンズ、スモモなど同じバラ科の果物にもアレルギーを持つ人が多い。[49]
サクラの樹皮、小枝、傷んだ葉、壁孔にはアミグダリンと呼ばれるシアン化グルコシドが含まれており、グルコシドを加水分解するとシアン化水素が生じる。シアン化水素が人間や動物に及ぼす有害性については第4章で紹介する。
基本的に、果物はたくさん食べればそれだけ恩恵を受けるとする研究結果が出ている。こうした研究について概説した2016年の『サイコロジー・トゥデイ *Psychology Today*』誌の記事には「幸せとは（文字通り）ボウルに山盛りのサクランボ」という洒落たタイトルがつけられた。[50]

第2章　花――儚さの美学

サクラの花びらに、わざわざ白粉を塗る必要があるだろうか？
――マリー・アントワネットの日記より[1]

マリー・アントワネットは日記の中で、夫ルイ16世から与えられた離宮の「村里」に彼女の希望で植えられたサクラの花の美しさについて触れている。たしかにサクラの花を飾り立てる必要はない。すでに完璧な美を備えているからだ。

観賞用サクラの品種の多くは花びらの数、色（白からピンク、中には黄色や緑もある）、香り、開花時期、葉のつき方、樹形などの特徴で見分けることができる。花びらの数は5～300枚で、花びらの数によってヒトエザクラ、半ヤエザクラ、ヤエザクラ、キクザクラの4種に分類される。

日本では何世紀にもわたって桜が栽培され園芸技術もかなり発達していたが、1850年代まで日本の花は海外ではほとんど知られていなかった。日本人は早くも794年には野生の桜の中から彼らの美的感覚に合うものを庭園に移植し、観賞用に栽培していた。[2] また、18世紀の江戸や京都の人々には、壮観な桜並木の美しさを楽しむ風習がすでにあったという。庭園史家クリストファー・サッカーによれば、日本の庭園は「われわれ西洋人がまだクマの毛皮を着ていた時代、すでに洗練を極めていた」[3]

公益財団法人日本花の会の発表では、日本の桜には290種類以上の変種と交配種がある。そのなかでも特に有名で日本人に親しまれているのが、国内で最も早く開花するピンク色の「カワヅザクラ」と、茎の近くだけ薄いピンク色の白い花をつける「ソメイヨシノ」だ。花の色は蕾《つぼみ》のときと開花した後で変わることもある。『チェリー・イングラム――日本の桜を救ったイギリス人』［岩波書店］の著者、阿部菜穂子は、19世紀から20世紀に日本政府が富国強兵の象徴として他の品種を排除してソメイヨシノの植樹を後押しした状況を書き記している。[4]「チェリー・イングラム」の愛称で親しまれたコリングウッド・イングラムは多様な品種、特に1900年代初頭に絶滅しつつあった太白《たいはく》（*Prunus taihaku*）という品種の保護に努めた。[5]

現在、観賞用のサクラはアメリカ農務省が公表している植物耐寒性区分［植物がどの地域まで越冬可能かを示す指標］の5〜8に広く分散している。北半球の温帯地域では日本、中国、韓国、ヨーロッパ、西シベリア、インド、カナダ、北アメリカなどがこの区分に当てはまる。桜が文化的に重要な意味を持つ日本では開花時期の詳細な記録が古くは紀元前8世紀から残っており、近年のものについては農務省にも保管されている。トーマス・ジェファーソンはヴァージニア州モンティチェロの邸宅の農園で世界中から収集した植物の品種実験を行い、サクラの開花日を50年以上にわたって詳細に記録していた。その記録によると、彼は「芝生の長い散歩道」と呼ぶ場所にサクラの木々を植えて日陰を作ったという。ジェファーソンの文献と照らし合わせると、気候変動の影響で現在はサクラの開花時期が早まっていることがわかる。[6]

神戸の生田神社。1本の木に数品種の桜が接ぎ木されている。

フランシス・ベーコンは1625年の随筆『庭園について *Of Gardens*』の中でこう記している。

豪華で整然とした庭園を造るなら、1年のすべての月に適した庭園にしなければならない。季節ごとにそれぞれ盛りを迎える美しい花が咲くのが望ましいからだ。（中略）4月には、サクラの花が咲き誇る。（中略）八重咲きのサクラの木が1本あるが、その木は実を結ばない。[7]

イギリスでは、1860年代に英国公使館の二等書記官として日本各地に滞在したアルジャーノン・フリーマン＝ミットフォード（1837〜1916年）がサクラの木を取り寄せている。彼はグロスターシャー州バッツフォードの庭園にさまざまな品種を植えたが、これが後に115種以上を誇るサクラのナショナル・コレクションの基礎となった。[8]

サクラはなぜ同じバラ科のスモモやナシ、モモよりも人々を惹きつけるのか？　それは、開花時期が短く（見ごろは2〜3日しか続かない）、花びらがびっしりと枝につく独特の咲き方によるものだろう。サクラの花は世界中で愛されているが、最初に深い文化的意味を見出したのは日本人の功績だ。日本人の桜に対する強い思いは、まさに崇拝に近いものがある。古代日本では桜の花は田植えの季節を告げるとともにその年の稲の収穫を占うと考えられ、非常に重要視されていた。桜の花の儚い美しさは人生の儚さの象徴として賛美され、平安時代（794〜1185年）には多くの和歌にも詠まれている。また、桜には精霊が宿ると信じられており、人々は木々に酒を供えた。

作家で人類学者の大貫・ティアニー・恵美子は、日本の神道や初期の神話で桜は「命を支えるエネルギー」のメタファーとして使われていた、と書いている。[9] 日本の伝統的なまじないのひとつに、花が咲く頃に髪の毛を桜の木に結びつけて愛を引き寄せるというものもある。

神道は、日本古来の民間信仰を原点とする精霊信仰的な宗教だ。神道学者で高名な歌人でもあった本居宣長《もとおりよりなが》（1730～1801年）は、日本文化の底流には「もののあはれ」という理念があると提唱した。彼はこんな和歌を詠んでいる。

敷島の大和心を人問はば朝日ににほふ山桜花[10]
（日本人の心とは何かと人が問うならば、朝日に輝く山桜の花の美しさを知る心だと答えよう）

日本神話には、現在富士山本宮浅間大社に祀られている木花咲耶姫《このはなさくやひめ》が登場する。最高神である天照大神《あまてらすおおみかみ》の孫、瓊瓊杵尊《ににぎのみこと》の妻となり、[11] 奇跡的に一夜で身ごもる。そのため夫に不貞を疑われ、潔白を証明するために産屋に火を放ち、その中で3人の男の子を産み落とした。困難な状況で無事出産したことから、木花咲耶姫は安産の神として信仰されている。また、木花咲耶姫がこの火事で命を落としたとする別の物語もあり、その一生は桜の花の儚い美しさにたとえられる。木花咲耶姫は富士山や火山の女神でもあり、桜の花を象徴とする。

京都の平野神社は桜の名所として名高い。境内には50種400本の桜があり、春には3～4週間にわたって花を楽しむことができる。特に夜桜の美しさは有名だ。花山天皇の治世だった985年から年に一度桜花祭が開催され、現在は毎年4月10日に行われている。[12]

日本の多くの樹木には木霊《こだま》という精霊が宿り、その大半は桜の木に宿るとされる。精霊が宿る木は、ある特別な日にだけ花を咲かせる。ギリシャ人とアイルランド人の両親を持つ作家ラフカディオ・ハーンは、日本の有名な伝説「乳母桜」を西洋に紹介した。乳母として慈《いく》しんできた娘が病気になり、献身的な乳母は自分の命と引き換えに娘を救う。その命日には毎年見事な桜の花が咲き続けたという物語だ。

「新形三十六怪撰《しんけいさんじゅうろっかいせん》」という妖怪画の連作のひとつを基にした、桜の精「墨染《すみぞめ》」の有名な物語がある。国家転覆を目論んで旅に出た大伴黒主《おおとものくろぬし》は、途中で野望成就を願い神社を建立しようとする。その木材には桜を使おうと自身の計画を自慢げに語る黒主だが、桜を切り倒そうとしたところに墨染と名乗る足のない宮廷女官が現れる。墨染は実は桜の精だった。斧を振り上げようとしたとき、墨染は桜の枝に姿を変え、黒主を嫌というほど懲らしめる。[13]

カリフォルニア州立大学フレズノ校学長のジョセフ・カストロは「桜の文化的意義とは何か」という記事で、「仏教では、桜は命の儚さの象徴でもある」と説明した。[14] 観賞用の日本の桜は開花期間の短さと美しさで知られており、それが人の一生を表しているとされる。日本では、風雨によって散る桜の花の短い命が人間の命のサイクルにたとえられる。桜は命あるうちに今を生きようという気持ちを思い出させ、仏教の無執着という概念の重要性を再認識させる存在だ。仏教では、桜は花が開く様子が悟りの境地へと精神が開く様子に似ているとして智慧《ちえ》の象徴と見なされ、仏教図像において重要なメタファーである蓮とほぼ同じ意味合いを持っている。

かつて日本では、子供は神々の世界から人間界に向かう途中の神秘的な存在であり、子供の口を

月岡芳年『新形三十六怪撰 小町桜の精』。1889年。木版画。

千代田大奥御花見

楊洲周延『千代田之大奥』より「御花見」。1895年。木版画。

通して神の言葉が語られると考えられていた。[15]その一方で、長い間敢えて見過ごされてきた仏教の伝統の闇のひとつに「稚児《ちご》」の存在がある。稚児は桜にたとえられるほど美しい少年修行僧のことで、女性との性的関係を禁じられた僧侶たちの男色の対象としての役割を担っていた。現在では稚児は神聖な子供という意味で、祭りの舞いや巡行に参加する少年たちのことを指す。日本で最も有名な祭りのひとつ、1か月にわたって行われる京都の祇園祭では毎年ひとりの少年が稚児に選ばれ、山鉾巡行《やまほこじゅんこう》の始まりを告げる注連縄《しめなわ》切りの儀に臨むことになる。[16]

昔から、桜は歴史的に重要な出来事を記念する際に用いられてきた。そのきっかけとなったのは、1500年前に第26代天皇である継体《けいたい》天皇が即位を記念して1本の淡墨桜の苗を植えたことだと言われている。この薄墨桜は1922年に国の天然記念物に指定された。[17]日本人は桜の花を命の儚い美しさにたとえて愛でると同時に樹齢1000年以上とされる三大桜を敬愛して長寿と知恵を称え、開花時期には多くの人々がこの三大桜を見に訪れる。

人類学者の大貫・ティアニー・恵美子によると、桜は日本の国粋主義と軍国主義の発展に重要な歴史的役割を果たしてきた。1930年9月、大日本帝国陸軍省の若手将校によって超国家主義的な秘密結社、桜会が結成される。桜会の使命は軍部独裁政権による国家改造で、必要とあれば暴力的な手段も辞さなかった。彼らは「昭和維新」という標語を掲げ、政党政治や悪しき官僚を排除し、軍事独裁体制のもと天皇親政を取り戻そうとした。[18]

第二次世界大戦中も桜の花は日本人にとって国粋主義、軍国主義の象徴であり、特攻機「桜花《おうか》」の側面には5弁の桜の花が描かれていた。これは命の儚さと無常を表すもので、軍部は「天皇陛下

日本の特攻機「桜花」。側面には桜の花が描かれている。

のため、桜花のように見事に散れ」というイデオロギー政策を展開したのだ。[19]また、日本軍の階級章にも桜をモチーフにしたものが多く見られる。

１８６９年に建立された東京の靖国神社には国家のために命を落とした軍人たちの霊も祀られており、その鎮魂のために多くの桜の木が植えられた。当時の日本政府は、桜は戦没兵士たちの生まれ変わりだという考えを国民に植えつけようとしていた。第二次世界大戦後、桜が平和の象徴と見なされるようになったのは皮肉な話だ。

日本の花見はもともと隣国の中国から伝わった風習で、長い冬の眠りから奇跡のように自然が蘇り、春に初めて咲く花を祝う意味がある。中国では早咲きの梅の花が好まれていたが、日本では花見と言えばかなり昔から桜がおもだった。日本人が桜を愛するのは、たくましい生命力と、短いながらも満開の絶景を見せてくれるからだ。枝に塊状につく花は雲のように美しく、花びらが散る様子はまるで雪が降っているように見える。桜の花の絵柄は特に絵画や染織などで人気があり、流水や滝と組み合わせて描かれることが多い。[20] 人々は毎年お気に入りの寺や公園、河原などに家族や会社の同僚と酒やつまみ持参で出かけ、花見を楽しむのが恒例となっている。

「花見」が桜を愛でるという意味で初めて使われたのは、1008年に発表された紫式部の『源氏物語』でのことだ。[21] 主人公の光源氏は桜を生命力——つまり若さ、愛、華やかさ、求愛、優雅さ、春の再生の象徴として用いている。

平安時代の幕開け（794年）にはすでに人々がよく手入れされた御苑の桜の木々の下に集い、春を祝う行事を催していた。[22] 寒さをしのぎながら桜の花を愛で、温かい酒や甘酒を飲み、詠んだ和歌を桜の枝に吊るしたのが花見の始まりとされている。[23]

今日では海外でも花見をテーマにした和歌が盛んに作られ、世界各地の句会でも人気のテーマだ。桜を詠んだ和歌は数多くあるが、特に短い定型詩である俳句で好まれている。最近開催された、同テーマの国際俳句大会では27か国から101人の応募があった。桜の俳句が3000以上も収録されている『桜の啓示 *Cherry Blossom Epiphany*』の著者ロビン・ギルによれば、日本人がこれまで詠んだ桜の俳句は何十万句にも及ぶという。日本で最も有名で親しまれている俳人のひとり、松尾芭蕉（1644～1694年）は禅の思想に影響を受けており、簡潔な表現と「電報のような」形式、連歌などを発展させたことで知られている。彼の俳句をひとつ紹介しよう。

　さまざまのこと思ひ出す桜かな[24]

『源氏物語』の一場面。17世紀後半。屏風絵。

花見を楽しむのは貴族だけではなかった。14世紀の僧侶で随筆家でもあった吉田兼好は『徒然草』の中でこう嘆いている。

片田舎の人こそ、色こく、万はもて興ずれ。花の本には、ねぢ寄り立ち寄り、あからめもせずまもりて、酒飲み、連歌して、はては、大きなる枝、心なく折り取りぬ。[25]
（田舎者ほど、何でもしつこく面白がるものだ。桜の木の下ににじり寄って近づき、わき見もせずに見つめていたかと思えば、酒を飲み、歌を詠んだあげく、太い枝を考えもなしに折り取ってしまう）

現在の日本でも、時折このような騒々しい花見の光景を見ることがある。花見はやがて武士の間でも徐々に浸透していき、社会のあらゆる層に愛される伝統となっていった。実際、桜は昔から庭ではなく公園に植えられることが多く、酒を飲みながらピクニックのように花見を楽しむのが一般的だ。会社の花見では新入社員が朝一番にその場所に向かい、景色のいい場所に立つ桜の木の下を確保しなければならない。

春の始まりを告げる「花見」。日本人は花見の様子を表すさまざまな言葉を用いて、鋭い感性で春を表現してきた。たとえば「花疲れ」は満開の桜を見て強い感銘を受けた後の疲労感や、花見の人混みによる疲れを意味する。また、桜の季節は一般的に天候が不安定だが、そうした天候を表す

2018年、福岡で夜桜を楽しむ人々。

語もある。「桜雨」や「花の雨」は花見の時期に降る無情な雨、「花曇り」は桜が咲く季節の曇り空のことだ。「花の風」は桜を散らしてしまうような風、「花冷え」は桜の花が咲いて暖かくなった後に突然一時的に寒くなることを指す。

江戸時代には花見に集う人々を浮世絵の画題として描くことが流行り、当時勢力を増していた商人たちが販売するようになった。浮世とは「定まらない、儚い世の中」という意味で、江戸の歓楽街を指すこともある。歌川広重や喜多川歌麿など江戸時代の絵師の木版画には、桜や美しい芸者が多く描かれている。[26] 日本画や版画などでは桜は雲と象徴的に結びついており、染織では川に流れる桜の花びらを描いたものが多い。

春や新しい門出を告げる桜が花を咲かせる4月は、日本の学校や官公庁で新年度が始まる月だ。過去から現在まで引き継がれている年間行事のひとつ、3月3日に行われるひな祭りも桜の花と関係が深い。ひな人形を出すときには、親が娘の幸せと成長、健康を願う意味で生け花を模した小さな桜の飾りをひな段に置く。

花札(花かるた)は12か月にそれぞれ4枚ずつ、48枚を一組として遊ぶ日本で人気のギャンブルのひとつだ。札にはそれぞれの月にちなんだ花が描かれており、3月の花は桜だ。ここからさまざまなカードゲームが派生し、そのひとつに各札の上に点数を書いたハワイの花札「さくら」などもある。[27]

平安時代にも、かるたに似た遊びが花見の宴で好まれていた。当時、宮中ではこの遊びを競う大会が盛んに行われていたという。参加者は手持ちの下の句と合う上の句の札を見つけなければならず、なかには桜を詠んだ和歌も数多くあった。勝つためには何百もの古い和歌を暗記し、さらに稲妻のような素早さと器用さが必要だ。[28] 今日では、アクションフィギュアや人形、レゴブロックの桜庭園など、桜を取り入れた多くの玩具やゲームが販売されている。

日常の遊びや祝い事から歴史的出来事まで、桜は日本文化においてさまざまな役割を果たしている。 2011年3月11日、東日本をマグニチュード9・0の巨大地震が襲い、それに伴い津波が発生した。この地震は世界史上4番目に大きな地震であり、津波によって1万5000人以上の命が奪われた。この数字は、日本国内で起きた自然災害での死者数としては第二次世界大戦後で最も多い。東日本大震災の犠牲者を追悼するため、ボランティアたちは日本ならではの方法で植樹を行った。場所によっては海岸から10〜19キロにも達した最大津波到達地点に、ピンク色の花が咲く1万7000本の桜を植樹したのだ。この生きた記念碑は170キロにわたって続いている。また、この桜ラインを植樹したのには、再び津波が発生した場合に内陸部

京都にて、桜の模様が入った着物を着た若い女性たち。

のどのあたりまで避難すればいいか住民の目安になるという現実的な目的もあった。[29]

ルーシー・ウォーカー監督による２０１１年のドキュメンタリー映画『津波そして桜』は、震災後初めて迎えた桜の季節に復興に向けて歩み始めた被災者の姿や、特別な意味を持つことになったこの季節が人々に何を伝えるかということを描いている。[30]

この震災が日本人にどれだけ大きな影響を与えたかを示す事例として、花見のあり方について巻き起こった議論がある。２０１１年春、東京都は春の到来を祝うよりもついこの間起こった東日本大震災の犠牲者を悼むべきだとして、上野公園内に宴会自粛を呼びかける看板を設置した。だが、多くの人は未来への希望を託して、例年より控えめながらいつものように花見を行った。[31]

桜はただ見て美しいだけではなく力強い希望の象徴でもあり、日本が外交の手段や友好の証として友好国と同盟国に贈る重要な文化財という側面もある。これまで日本が桜を寄贈した国はカナダ、オーストラリア、オランダ、ドイツ、トルコ、イギリスなどだ。全米国際姉妹都市協会（ＳＣＩ）は、「市民と市民」という市民外交プログラムを提唱するドワイト・アイゼンハワー大統領により１９５６年に設置された。ＳＣＩは非営利公益法人で、他国とアメリカの市町村、郡、州や法域のパートナーシップを構築、強化することを目指している。日本はアメリカ合衆国の４００以上の都市と姉妹都市提携をしており、その多くに桜の木を寄贈している。

目を瞠《みは》るほど美しい桜の贈り物が人々の目を楽しませ、なおかつ親善の役割を果たした最大の例は、１９１２年に日本からアメリカに数千本の桜が贈られた事例だろう。この桜の木々は首都ワシントンＤＣのタイダルベイスンに植樹され日米友好のシンボルとなり、現在も両国の緊密な歴史的・

政治的つながりと永続的な友好関係を強く印象づける目的を果たしている。
タイダルベイスンの桜の物語の立役者のひとり、エリザ・ルアマー・シドモアは作家、編集者、写真家、講師で、設立間もないナショナル・ジオグラフィック協会に貢献した冒険心旺盛な旅行ジャーナリストだ。シドモアは協会初の女性理事となり、アラスカのグレイシャー湾には彼女の名を冠した氷山もあった。1885年、外交官だった兄の赴任地を訪ねて初来日したシドモアは、ワシントンに戻った後ポトマック河畔の埋め立て地に桜を大量に植樹することを公共施設・公有地庁を管理するアメリカ陸軍の最高責任者に提案するも回答は得られなかった。シドモアはその後24年間、責任者が替わる度に連絡を取り続けたが、提案が受け入れられることはなかった。彼女は「花をつけた桜は自然が見せてくれる最も理想的な美の極致であり、その短い輝きは見る者の喜びをさらに鋭く鮮烈なものにする」と述べた。[32]
この間《かん》、アメリカ農務省の多種種子・植物導入局で働いていたデビッド・フェアチャイルドは、アメリカに経済的価値をもたらす見込みのある外来植物や作物を収集していた。彼は1898年に来日し、桜の花の美しさに感銘を受ける。そして約100本の桜を持ち返り、メリーランド州チェビーチェイスにある自宅の庭に植えた。そして、ヘレン・タフト大統領夫人の協力を得てさらに桜の木を送ってくれるよう公式に日本に依頼し、当時の東京市長はそれを快諾した。
残念なことに、1910年に到着した2000本の木には病害や害虫が発見されたため、すべて焼却処分せざるを得なかった。だが、日米両国の政府機関の協力と、フェアチャイルド、シドモア、タフト大統領夫人の尽力により、1912年には3000本の新しい木がワシントンに到着する。

1939年、ワシントンDCの桜の女王。

1912年3月27日、タフト夫人と日本大使夫人の珍田《ちんだ》子爵夫人が式典を主催し、西ポトマック公園のタイダルベイスン北岸に最初の2本の桜が植樹された。

桜の木の寿命は通常40年から50年だが、この日に植えられた2本はまだ17番街の南端のジョン・ポール・ジョーンズ像の近くにあり、記念のプレートが設置されている。1981年、日本に壊滅的な洪水が発生して多くの桜の木が失われると、今度はワシントンで植えた桜が日本に渡り、挿し木として用いられた。

1935年、第1回桜祭りがワシントンDCで開催された。このイベントは人気を呼び、現在では年間150万人以上の参加者を呼びこんで地域経済に大きく貢献している。主催団体によればこの桜祭りは「全米最大の春の祭典」だ。[33]

木はさまざまな意味で「政治的」な役割を

果たすことがある。すでに桜が観光客の人気を呼んでいた1937年、ワシントンDCで「桜の反乱」が起こった。日頃から市民に自治権がないことに不満を抱いていた人々が、ジェファーソン記念館建設の土地を確保するため桜の木を切り倒すという計画に抗議したのだ。[34]

1941年には、日本の真珠湾攻撃の報復として4本の桜が伐採されている。第二次世界大戦中、ワシントンDCの桜の木は「日本の」ではなく「東洋の」桜と呼ばれていた。こうして桜の木々はさらなる攻撃から守られたのだ。

ローランド・モーリス・ジェファーソンはアフリカ系アメリカ人初の植物学者で、国立樹木園に勤務する植物探検家だった。在職中（1956〜1987年）に継続して桜の研究を行ったことで知られている。1977年には著書『ワシントンDCの桜——友情の生きたシンボル *The Japanese Flowering Cherry Trees of Washington, DC: A Living Symbol of Friendship*』も出版された。その後彼は1912年に最初に植えられた桜から挿し木を行い、国立樹木園で繁殖させることに成功した。[35]1981年にナンシー・レーガン大統領夫人が日本大使に贈った「レーガン桜」は、ジェファーソンが育てた桜の苗木だ。

日本が桜を寄贈して100周年を迎えた2012年には、当時のオバマ大統領と野田佳彦首相は「安全保障協力、経済連携、市民同士の文化交流などの分野における日米関係の強化と拡大」を目的として、「友好の木イニシアチブ」をはじめ複数の協力イニシアチブを発表した。[36]

対して、その数の多さから「世界の桜の首都」を自負しているのは毎年35万本以上の桜が咲き誇るジョージア州メイコンだ。アマチュア園芸家のウィリアム・フィクリングが1970年代に趣味として植え始めた桜は次第にメイコンの名物になり、1982年以来毎年桜祭りが開催されている。[37]

日本の自動車メーカーSUBARUは、思いやりと友情の名のもとに毎年フィラデルフィア「スバル・フィラデルフィア桜祭り」を開催している。桜の花は「フラワー・パワー」とも言える大きな市場価値を持っており、桜祭りや花見などの行事が世界の観光産業や企業の資金調達に結びついていることは間違いない。

庭園都市シンガポールでは、多大な資源を投入して赤道直下の熱帯気候の地で桜を開花させるという困難な課題に取り組み、2016年から毎年「ブロッサム・ブリス」と呼ばれる見事な桜祭りを開催している。マリーナ湾に隣接した国立公園のフラワードーム内で華やかに開催されるこのイベントは人気も高く商業的にも成功しており、今後も毎年開催される予定だ。主催者は「23種の桜がひとつの場所で咲くのは世界初だろう」と話す。[38]

歴史的に果実を収穫する目的でサクラを栽培し、農業サイクルの一環としてサクランボの収穫祭を行う国々では、サクランボ祭りは重要な観光資源となっている。ポルトガルのフンダンでは、サクラが開花すると観光客は「サクラの観光ルート」を巡り、また「サクラ列車」に乗って美しい棚田の果樹園を回りサクラの花を楽しむことができる。

中国の桜は愛の象徴であり、女性の美や性的魅力、権威、そしてそれを利用して男性を意のままに操る女性の力と結びついている。北京の桜の名所、玉淵潭《ぎょくえんたん》公園の「2000本以上の桜のうち約200本は、1970年代初頭に国交が正常化した際に日本から贈られたもの」だ。[39]

ペルシャのかつての宮殿庭園を模して作られたイスラム庭園では、通常サクラをはじめとする花

2018年、フィラデルフィアで開かれた花見。

と実をつける樹木がおもに植えられている。エリザベス・B・モイニハンは著書『ペルシャとムガル朝インドの庭園という名の楽園 *Paradise as a Garden in Persia and Mughal India*』の中で、「ムガル帝国皇帝ジャハーンギールによれば、父アクバルがカブールからカシミールにサクラとアンズの木を持ちこむことに成功した」と書いている。[40] イスラム世界ではもてなしの心や贈りものを重視する。もてなしにより、神と客、そして迎える側が相互に結ばれると考えられているのだ[41]。

　贈りものという行為は贈る側と受け取る側の関係性を測定し、強化するために用いられる重要な行動要素だ。かつて豪華な庭園はしばしばもてなしの場となり、支配階級の間では庭園を贈る習慣すらあったという。フェアチャイルド・ラッグルズは『図説イスラーム庭園』「桝屋友子監修／木村高子訳。原書房」の中でこう書いている。

　宮殿庭園はおもに環境的、経済的、政治的機能を備えた建造物だった。(中略)庭園は、イスラム世界全体に共通する環境についての概念を反映している。言い換えるなら、四方の壁に囲まれた中で管理する自然を賛美し、外界の荒々しい自然と敵対的な野生を並置したのだ。[42]

庭園はイスラム支配者の全能を体現したものであり、自分が自然を意のままに操り、選ばれた人々にその自然の美を授ける力があると知らしめる手段だった。パキスタンのラホールにあるシャーラマール庭園は、ムガル帝国皇帝ジャハーンギールが妃ヌール・ジャハーンへの贈り物として建造したものだ。[43]

　サクラをはじめ美しい花をつける樹木を観賞用に栽培するのは贅沢《ぜいたく》な趣味であり、その美しさを客と共有することは相手に強烈な印象を残し、寛容さを示す意味があった。この昔から受け継がれてきた慣習により、イスラム圏では多くの私設庭園と花木がスペインのグラナダやインドのラジャスタン州の宮殿などに公的に「贈られて」きた。

　戦争で荒廃したアフガニスタンの首都カブールでは、イスラム世界の経済や文化の活性化を目指す団体アーガー・ハーン・トラスト・フォー・カルチャー(AKTC)により、ペルシャ様式の「バーブルの庭」が16世紀に建造された当時の姿で復活した。ここにはサクラの木々も植えられている。「バーブルの庭」は、ムガル王朝時代で現存する最古の庭園のひとつという点で貴重な建造物だ。この庭園はムガル王朝の創始者で園芸好きだったザヒルディン・ムハマンド・バーブル（1483～1530年）が、1504年にカブールを征服した後に造られた。バーブルの墓所は敷地内に建てられ、後継者の皇帝ジャハーンギールやシャー・ジャハーンもこの地を訪れている。庭園は現在一般公開され、ユネスコの世界遺産候補にもなっている。

作家アンドレア・ウルフは著書でジョージ・ワシントンとトーマス・ジェファーソンをアメリカの「初代園芸家」と評した[44]。両者とも、実を収穫するだけでなく観賞用として計画的に私邸の庭にサクラの木を植えている。ふたりが参考にしたのは、1800年代初頭にイギリスで見たフェルメ・オルネ（観賞用の農場）のコンセプトだ。イギリスの庭園設計士スティーヴン・スウィッツァーは、『貴族、紳士、庭師の娯楽 *The Nobleman, Gentleman and Gardener's Recreation*』（1715年）の中で、フェルメ・オルネの実践についてこう述べている。

> 園芸の有用、有益な側面と、私の庭園設計と放牧場の観賞的側面が合わされば私の設計はさらに充実し、利益と楽しみの両方がうまく融合するだろう[45]。

入念に計画され、維持管理されたジョージ・ワシントンの庭園で収穫された果実は、大勢の奴隷を擁するプランテーション社会全体に食料を供給する役割を果たしたが、ワシントンはこの庭園を観賞用としても価値あるものにする意図で設計した。記録によると、18世紀にマウントバーノンに招かれた人々は丁寧に栽培されたさまざまな種類の新鮮な果実を食べて強い感銘を受け、食後にはサクラやほかの花木の間を散歩して楽しんだということだ。[46]

現在もマウントバーノンの果樹は、ワシントンが日記に残した設計に基づき植樹されている。プランテーションの記録からは食事や保存食、果実酒を作るために大量の果物が必要だったことがわかる。ワシントンが特にサクラに関心を抱いていたことを示す詳細な記録は、園芸について書かれたページのごく初期、1762年3月24日の記述に見ることができる。この日の日記に書かれているのは、近隣のガンストン・ホールに住む園芸仲間のジョージ・メイソン大佐からサクラの木を譲り受けたことだ。[47]

1785年、ワシントンは農場に大小さまざまな果樹園を建造した。マウントバーノンで栽培されていた果樹にはサクラだけでなく、リンゴ、ナシ、モモ、アンズの木もあったという詳細な記録が残っている。サクラは庭師たちによって接ぎ木され、垣根やレンガに沿って樹形を整える垣根仕立てに「しっかりと固定されていた」。[48] 1782年にマウントバーノンを訪れた人の言葉だ。「右翼棟の背後には広大でよく手入れされた庭があり、この国で選りすぐりの果実がたわわに実っている」[49]

1783年、フランスのルイ16世は王妃マリー・アントワネットのためにヴェルサイユ宮殿の一角に私的な離宮を作らせた。敷地内に建設された「王妃の村里」には、アントワネットの希望でサクラも植えられている。『マリー・アントワネットの植物誌』［川口健夫訳。原書房］の中で、著者エリザベット・ド・フェドーは次のように書いている。

草も花も木も、マリー・アントワネットが情熱を注ぐ対象という以上に自由を象徴する存在だった。ルイ16世からまるで花束のように与えられた私的な宮殿プチ・トリアノンで、王妃は自分の居場所、ヴェルサイユ宮殿の窒息しそうな束縛を逃れて現実逃避できる場所を手に入れたのだ。当時は素朴な魅力を持つフェルメ・オルネが流行であり、プチ・トリアノンでは村里の生活がそっくり再現されていた。ヴェルサイユ宮殿で供される豪華な食事の材料を実際に納めていたのは近隣の大規模菜園であり、王妃の牧歌的な村落では木に生る果実よりも咲き誇る花のほうが、美的側面においてはるかに重要視されていた。[50]

イタリアのモンフェッラート地区チェレゼートは、伝統的なサクラの産地でありながらその果実にはほぼ関心がないのが現状だが、日蓮宗のタラビーニ勝亮上人は観賞用の桜と結実するサクラの両方を合わせて８００本植える運動に取り組んでいる。彼はチェレゼートに蓮光寺を建立し、東洋と西洋の美学を融合させた見事な庭園で人々を迎えているのだ。先般、タラビーニ上人は蓮光寺と植樹プロジェクトの新しいロゴに、様式化された桜の花をデザインした。これは日本の家紋に多く見られるモチーフで、日本の織物でもよく使われている。

サクラは、視覚はもちろんのこと聴覚、嗅覚、触覚、味覚の五感を楽しませてくれる。日本では、桜の季節を歌った曲は「桜ソング」としてひとつの音楽ジャンルを確立した。日本人にとって桜の季節は人生の多くの節目と重なる。花が咲くと新しい出会いに思いを馳せ、花びらが舞い散る様子に悲しい別れを連想すると同時に多くの思い出を蘇らせるのだ。

2015年、マリー・アントワネット風の女性。撮影ベス・セリガ。

伝統的な日本の歌曲で非常に有名な「さくらさくら」は、日本を代表する歌として国際的な場面でもよく用いられる。この歌は江戸時代（1603～1868年）に子供の箏《こと》の練習曲として作られ流行した旋律で、東京音楽学校の「箏曲集《そうきょくしゅう》」に収録された。これまでキャット・スティーヴンス、ボン・ジョヴィ、レッド・ツェッペリンなどの人気アーティストも「さくらさくら」を曲に取り入れている。また、日本では「誘導音」としてこのメロディが流れる音響装置付信号機も見られる。2007年、文化庁が日本で愛され続ける歌謡曲や童謡を「日本の歌百選」として発表し、「さくらさくら」も選定された。[51]

日本からワシントンDCへの桜の寄贈100周年を記念して、2012年に「チェリー・ブロッサム Cherry Blossoms」という曲が作られた。日本的な雰囲気が漂うこの曲は、

サクラの花が咲くムガル帝国の宮廷庭園の詩人。1628 ～ 1658年。

桜湯は塩漬けした桜の花びらに熱湯を注いで作る。

桜の花の美しさと儚さを表現した甘く心に染みる曲に仕上がっている。メロディはオリジナルで、歌詞の一部は「さくらさくら」から引用されている。

世界でもサクラが登場する民謡は多く、たとえばウクライナ民謡「サクラが咲く庭でOh, in the Cherry Orchard」は春の若き日の愛の賛歌だ。また、1937年にカナダ系アメリカ人のバンドリーダー、ガイ・ロンバルドが歌った人気のアップテンポ曲「サクラの小径は雨模様 It Looks Like Rain in Cherry Blossom Lane」もある。[52]

政治的な意味も持つ、いつまでも心に残る「さくらんぼの実る頃 Le Temps des cerises」はフランスで1867年に発表された美しい曲だ（作詞ジャン＝バティスト・クレマン、作曲アントワーヌ・ルナール）。今でもフランスで人気のこの曲は、1871年にフランスを短期間で支配した急進的な社会主義政府パリ・コミューンと関係が深く、革命によって社会や経済が変化した後の生活を象徴的に暗示している。もともとは恋愛をテーマにした歌だが、一部では「フランス政府軍がパリ・コミューンを弾圧した『血の一週間』の犠牲者、亡き看護師ルイーズに捧げられた」曲だと言われていた。[53]

サクラが見た目に魅力的であるのは間違いないが、香りを発する品種は限られている。サクラの花びらから精油を作ることはできないが、化学物質の香料を複合的に使用してサクラの香りを再現する調香師もいる。サクラの花はバニラアーモンド交じりのライラックとバラのような、かすかな香りがするということだ[54]。レフ・トルストイの1859年の短編小説「家庭の幸福」には、マーシャがはるか昔のサクランボ摘みのロマンティックな一日を思い出す場面がある。

ライラックとサクラの香りが庭やテラスを満たし、まるで空気全体が花開いているかのようだった。その香りは強まったり弱まったりしながら繰り返し押し寄せ、目を閉じて何も見ず、何も聞かず、ただその甘い香りだけに浸っていたいと思わせるほどだ[55]。

サクランボの味が好まれるのは世界共通のようだが、サクラの花びらを食べるのは一般的だろうか？　日本の桜湯は、塩漬けした桜の花びらを湯に入れて作る飲み物だ。これは結婚式など祝いの席で緑茶の代わりに出される。桜湯に使用する花びらは開花時に採取し、がくを取り除いた後に梅酢と塩で漬けこみ、乾燥させて袋に詰める。和菓子の桜餅は餡《あん》を繊細なピンク色の餅でくるみ、それを桜の葉で丁寧に包んだものだ。贈答用の可愛い包装で全国のいたるところで販売され、昔からひな祭りや花見などの席で供される。

日本全体が桜の季節になると、大げさでなくほぼすべての商品の包装は桜をデザインした特別なものに変わる。また、この時期にはマクドナルドですら淡いピンク色のバンズを使用した「さくら

日本では、花見の季節になるとさまざまな商品に桜のモチーフが取り入れられる。

日本の寺にゆかりの深い京都の「桜の和菓子」。桜が咲く時期のみ販売される。

てりたま」や「マックフィズ さくらチェリー」などの商品が登場する。

桜を利用した入手困難で稀少な商品のひとつに「桜はちみつ」がある。春先に桜が咲くと、ミツバチはハチミツを作るより巣を広げるために蜜を利用するので、市場に出回る桜はちみつの量はかなり限定されるのだ。

サクラの花があらゆる感覚に強く訴えかけるのは世界共通であり、さまざまな場所で栽培され、愛されている。人は各地で開催される桜祭りに足を運び、サクラにまつわるあらゆる記憶を慈しむのだ。

第3章　果実——樹から食卓へ

果実の喜びを買うことはできない。それは実際にもぎ取る者だけに与えられる。

——ヘンリー・デイヴィッド・ソロー

『野生の果実』［伊藤詔子／城戸光世訳。松柏社］より

人はなぜサクランボの虜《とりこ》になるのだろう？　まず、一口で食べるのにちょうどいいサイズだ（業界ではこぞって特大サイズのサクランボを開発しようとやっきになっているが）。イギリスでは、デヴォン州のテイマー・ヴァレーで、絶滅寸前だった黒く小さなサクランボを復活させ、この品種こそ最高の味だと主張している。その一方、いかにも美味しそうで輸送にも耐えられるよう特別に開発された驚くほど美しい交配種は、実際に食べるとがっかりするものが多い。イギリスで毎年開催される全国サクランボ＆ソフトフルーツ［硬い皮や種がない果実］品評会では、果実は100点満点で審査され、味は見た目と同様に重要視される。この大会で受賞したサクランボから選りすぐりの粒が木の籠いっぱいに詰められ、すぐにバッキンガム宮殿の女王に献上されるのが習わしだ。

近所の木になった実を失敬する子供からエリザベス女王まで、みんなサクランボが大好きだ。栽培期が短く日持ちもしないため他の果物よりも高価だが、かといって上品に行儀よくつまむような

イギリスのデヴォン州テイマー・ヴァレーで絶滅を逃れた歴史あるサクランボ

1989年、ケント州の全国フルーツ・コレクションで受賞したサクランボを見て回るエリザベス女王。

ものではない。著作家エドワード・バンヤードが1934年に出版した『デザートの解剖学 *The Anatomy of Dessert*』にあるように、「指やナプキンに黒っぽい果汁がついてしまうので、サクランボは豪華なデザートより庭で散歩しながらつまむのに向く果物かもしれない[1]」

初期の絵画にはお洒落な服装の貴族がサクランボを摘む様子がよく描かれているが、この場合のサクランボ摘みは本当の意味での収穫作業ではなく、一種の娯楽だった。『サクランボ摘み』として広く知られ、人気のある18世紀の磁器の絵柄はロココ調のロマンティックなもので、恋人たちは労働にいそしむというよりピクニックを楽しんでいるように見える。サクランボの収穫はタイミングが重要だ。バンヤードはこんなことを提案している。「収穫の2週間後に果樹園をひと通り歩くといい。前には見過ごしていた実があちこちに見つかり、これがサクランボの本来の姿かと実感するだろう」[2]

サクランボは追熟しない、つまりいったん収穫するとそれ以上熟化が進まない果物だ。そして完熟した実は傷みやすく、長時間の輸送や保管には耐えられない。熟れ過ぎる直前の数日で糖度は25パーセントにまで達するので早すぎる収穫も考えものだが、ぎりぎりまで待っていると鳥に食べられてしまうおそれがある。栽培者は味、色、硬さ、大きさ、収穫前に木から落ちている実の数から成熟度を注意深く観察し、最良のタイミングで収穫を行う。現在では科学機器を利用して収穫時期を見極める果樹園も出てきた。たとえば、屈折計でBrix値（糖度の指標）を測定したり、他の専門的な器具で大きさ、硬さ、色、落果率を測定したりすることも可能だ。

収穫技術も大切なポイントだ。毎年実をつける果樹の枝を折らないように細心の注意を払って慎重に収穫する必要があるが、雨が降り出しそうなときにはできるだけ手早く摘み取り、裂果を防がなくてはならない。

サクランボの収穫は昔から手作業で行われ、そのため梯子《はしご》が必需品だった。成長した樹高が18メートルにまで達することも珍しくないからだ。収穫したサクランボを無事に運ぶため、作業者は専用の籠を使ったりロープで体に結びつけたりしていた。現在はより安全で手早く収穫できる、矮小樹が好まれる傾向にある。収穫前にエセフォン（エスレル）などの化学物質を木に散布して熟度を促進し、実を取りやすくすることもある。

サクランボ収穫は労働集約型の産業［人間の労働力による業務の割合が大きい産業］だ。競争の激化と労働者不足に直面しているサクランボ業界は、品質を損なわずに収穫効率を上げる道を常に摸索している。近年の研究で焦点が当てられているのは、消費者のニーズと嗜好を踏まえた上で遺伝学や品種改良から加工、マーケティングに至るまで、より発展的な価値連鎖［事業を機能ごとに分解し、どの部分で付加価値が生み出されるかを分析すること］を統合することだ。

振動収穫機のような収穫システムの機械化も進み、生で食べるより加工向きのスミミザクラの実の収穫に広く使用されている。収穫振動機は木に振動を与え、熟したサクランボをクッション性の容器に落としていく。熟した実をすべて収穫するまで振動で木が傷つかないように、使用する際には注意が必要だ。

中国の磁器製茶器に使われていた「サクランボ摘み」の絵柄が、1750年から1775年に西洋市場向けにアレンジして使用された。

収穫したサクランボは手作業で、またはコンピュータによるスキャンと選別技術を用いて電子的に選別され、その後生鮮市場に出荷するため梱包または商業加工されることになる。サクランボは追熟せず、特にスミミザクラの実はすぐに腐ってしまうので、収穫から一両日内に販売や加工（ジュース、冷凍、缶詰、乾燥）しなければならない。アメリカではスミミザクラの実の99パーセン

ドロシア・ラング撮影「ニュージャージー州ミルヴィル近郊でサクランボを摘む人々」。1936年夏。

トが加工食品として販売されるのに対し、セイヨウミザクラの実は加工品24パーセント、生食用76パーセントという割合だ。[3]

新鮮なセイヨウミザクラの実は、リンゴや洋ナシなどほかの大半の果物よりも稀少で日持ちが悪い。収穫から販売までの間サクランボを低温で管理する仕組みは「コールドチェーン」と呼ばれ、エンドユーザーに高品質の品を確実に届ける最良の方法だ。少しの衝撃でも傷みやすいため、サクランボの梱包には細心の注意を払い、損害を最小限に抑えなければならない。

梱包の種類には木箱、段ボール箱、プラスチック製のパックやケース、袋などがある。現在は堆肥化が可能な新しい包装や、マイクロ穴あき型の蓋がついたバイオベース容器「植物や微生物資源を利用した容器」の研究も進んでいる。こうした研究の最終的な目標は、たとえばチリ産サクランボを中国で販売する場合、収穫から店頭販売までの最大25日間の長期輸送に耐え得る包装を開発することだ。

昔はサクランボの栽培と出荷販売は簡単ではなく、地産地消が基本だった。栽培者は収穫したサクランボを町に持っていき、地元の市場や路上で直接売っていたのだ。今でもサクランボの生産地域では一般的に路上販売が行われている。

サクランボは睡眠の改善、ガン予防、筋肉痛の緩和などの健康効果があるとして、今では「スーパーフード」と呼ばれている。市場では美味しく見えるための工夫が常になされ、ときには表面にワックスをかけることもある。最近では、消費者が新鮮さを判断する目安となる柄の緑色を保つ方法について盛んに研究が行われているそうだ。たしかにサクランボは色や大きさなど見た目で選ばれることが多いが、それが必ずしも味のよさにつながるとは限らない。

現代のマーケットではサクランボの販売方法も変化しつつある。ポルトガルでは詳細な市場調査の結果、国内の一部の地域では特定の赤い色のサクランボがよく売れることがわかった。サクランボの品種や原産国を特定するマーケティング手法は、特別感を演出してより高値で販売する目的でよく用いられる。１９７８年には、フランス初のサクランボの商標「ル・モンド・ヴナスク」が登録された。[4]

各国のサクランボ生産者は常に新しい輸出市場を開拓しようとしている。南半球では北半球と季節が逆になるため、12月と1月にオーストラリア、ニュージーランド、南米産のサクランボがヨーロッパや北アメリカの市場に出回ることになる。チリ果物輸出協会は、２０１７～２０１８年に輸出したサクランボの90パーセント以上が中国市場に供給されたと発表した。チリ産サクランボは

ポルトガルのフンダン。機械でサクランボを洗い、選別する。

サクランボを原料としたリキュール、ワイン、その他の飲料。

ちょうど中国の旧正月の頃に熟期を迎える。中国人にとってサクランボの赤い色は縁起が良く、繁栄と幸運を象徴するものだ。また、丸みのある形は完璧と永遠を表している。

販売促進戦略のひとつ「フレッシュ・チェリー」は、ブルガリアとEUが出資し、中東（サウジアラビアとアラブ首長国連邦）とベラルーシの市場をターゲットにした広報及び販売促進キャンペーンだ。このキャンペーンの目的は専門家や消費者にサクランボの魅力、特に健康効果を広め、消費を促すことにある。

２００８年、イギリス政府は7月16日を「サクランボの日」と定め、国産サクランボの栽培と消費に勢いをつけようと「チェリー・エイド」キャンペーンを展開している。このキャンペーンにはふたつの目標がある。地元の品種を絶滅から救うことと、近年減少傾向にあるサクランボ果樹園の数を増やすことだ。

個人で食べるためのサクランボ栽培や、果樹園や農場で企画されるサクランボ狩りの場合は、梱包、出荷、マーケティングの手間を省くことができる。イギリスのケント州ではサクラの木のレンタルまであり、都会の人々に農業体験の機会を提供している。

一般的にサクランボは生で食べるのが一番だと言われているが、短い生育期間以外の季節も楽しめるように多くの保存方法が開発されてきた。古くから行われている保存方法はワインにすることだ。EU圏外の大半の国では、ワインの法律上の定義を「醗酵果実（サクランボも含む）を原料としたアルコール度数8パーセント以上14パーセント以下の飲料」としている。新鮮なサクランボが手に入らない場合は、チェリージュース、シロップ、濃縮液でワインを作ることもできる。

チェリーワインは通常酸味の強いスミミザクラの実を原料とするが、甘いセイヨウミザクラの実と混ぜて作る場合もある。北アメリカの先住民は、チョークチェリーでワインを作っていた。アルコールを添加して度数を高めた酒精強化ワインやリキュールを作る際にも、チェリーワインが使用される。どちらもさまざまな風味、オイル、エキスを加えた甘みのあるアルコール飲料で、歴史的にはコーディアルと呼ばれ薬用に使用されることが多かった。ブランデーはワインを蒸溜して作るアルコール飲料だ（アルコール度数35～60パーセント）。ウィリアム・キッチナーによる1817年初版の『料理人の神託 *The Cook's Oracle*』には、仔牛の足肉のゼリーを作る際にチェリーブランデーを使用したと書かれている。

ジンジーニャ（ジンジャとも呼ばれる）はブランデーに酸味の強いサクランボの実を漬け、砂糖とシナモンを加えて作るポルトガルのリキュールだ。ポルトガルの町オビドスでは、チョコレートで作った小さなカップにジンジャを注いで飲み、カップも食べるのが一般的だ。同じチェリーブランデーはルーマニアではヴィシナータと呼ばれ、自宅でもよく作られる。ポルトガルでもルーマニアでも、サクランボを使ったアルコールには2種類ある。男性が飲む透明で強い酒と、女性に好まれる甘くフルーティな赤い酒だ。

ラタフィアはヴィシナータと同じくサクランボのリキュールで、フランスのクレオール地方が発祥だ。熟したチェリーをアルコールに数日間漬け、砂糖シロップを加えて醗酵を進める。18世紀にマーサ・ワシントンによって普及したアメリカ版ラタフィアは、チェリーバウンスと呼ばれている。

ウクライナのリヴィウにあるバー、ピヤナ・ビーシュニャのチェリーリキュールや菓子は手作りだ。

ヒーリング・チェリーはペーター・フレデリック・ヒーリングが考案したデンマークのリキュールで、1818年に販売が開始された。「ステウンス」と呼ばれる赤黒く酸味のあるサクランボを、種を取り除いて使用することが多い。種つきのままならアーモンドのような風味が出る。このヒーリ

ジョージ・ワシントン邸とトーマス・ジェファーソン邸の庭で摘んだサクランボを使い、昔ながらのレシピで作ったジャム。

ング・チェリーは、1915年にシンガポール・スリングというカクテルの材料として普及した。[6]

キルシュヴァッサー（キルシュ）はドイツで生まれた甘みのないチェリーブランデーだ。ブラックチェリーを種ごと潰して蒸溜するため、かすかにアーモンドに似た風味がする。この透明なリキュールはドイツの「黒い森のケーキ《シュヴァルツヴェルダー・キルシュトルテ》」に欠かせない材料だ。

サクランボで作ったビールやエールもあり、ベルギー産のクリークというチェリービールは人気が高い。アメリカのマイクロブルワリー［小さな規模でビールを生産する醸造所］では、チェリービールやエールを特産品や季節限定品として展開する試みが行われている。

マラスキーノ・チェリーの歴史は数世紀前にさかのぼる。始まりはスロベニア、クロアチア、ボスニア・ヘルツェゴビナ、セルビア、北イタリアの沿岸地域で「マラスカ」と呼ばれる地元のサクランボを原料とするリキュールが製造されたことだ。1896年、アメリカでは酒造メーカーの間で薄皮の甘い国産サクランボ、ロイヤル・アンを使ったマラスキーノ・チェリー作りが始まった。禁酒法時代にはアルコールを使う伝統的なマラスキーノ・チェリーを作ることはできず、サクランボを塩化カルシウム水溶液に漬け、人工香料や着色料を加えて作るノンアルコールのアメリカ版マラスキーノ・チェリーが考案された。[7]

乾燥による保存方法もある。サクランボは乾燥させると甘みが強くなり渋みが弱まるので、特にチョークチェリーの保存に向いている。アメリカ先住民は油脂と粉末状の干し肉などのたんぱく質を混ぜ合わせて作る保存食品ペミカンに、乾燥チョークチェリーの粉末をよく加えていた。チョークチェリーにはバッファローの肉を保存するのに役立つ酸が含まれており、ペミカンは長旅に適した携帯保存食だった。また、オジブワ族は乾燥させた野生のサクランボを粉末にしてスープに使っていた。アメリカのルイス・クラーク探検隊が1804年から1806年までつけていた遠征日記には、「鍋で煮た夏カボチャ、豆、

マラスキーノ・チェリーのアメリカ版とイタリア版。

トウモロコシ、チョークチェリー」を食べたと記載されている。[8]

酸味の強いサクランボは乾燥させると甘い品種よりも色や食感を保ちやすくなるため、調理用として、また冷凍・缶詰などに保存加工して販売されることが多い。味はプレーンなものから塩、砂糖、保存料を加えたものまであり、甘い料理と辛い料理の両方に用いられる。また、健康効果や自然な甘みを足す目的としてトレイルミックス［グラノーラ、ドライフルーツ、ナッツなどを混ぜたもの］にもよく使われている。

食品保存には古くから砂糖が利用されてきた。食品に加えると水分と結合し、微生物の増殖を招く原因となる水分の量を減らすからだ。古代ギリシャ人はハチミツで果物を保存していた。古代ローマの料理書『アピシウス *Apicius*』には、「柄がついたままのサクランボを注意深く選び出し、互いに触れないようにハチミツに漬けること」とある。[9] 持続可能な農業の専門家マーク・シェパードは2013年出版の著書『修復型農業 *Restoration Agriculture*』で、サクランボをハチミツに漬けて保存する伝統が継承されている様子を紹介した。[10]

14世紀のカタルーニャ語の料理本『菓子作りのレシピ *Libre de totes maneres de confits*』には、サクランボの砂糖漬けやジャムの作り方も載っている。すでに1365年にはフランスのプロヴァンス地方の都市アプトにある労働組合が、ローマ教皇ウルバヌス5世に果物の砂糖漬けを献上していた。やがて、この砂糖漬けは名産として世界的に有名になる。その製造には時間と費用がかかり、最も質の高い品種、特にプロヴァンス地方で栽培される「ビガロー」種が使用される。1868年、プロヴァンスを旅していたイギリス人実業家マチュー・ウッドがアプト地方の砂糖漬け果物に出会い、イギリス市場に持ちこんだ。これがきっかけとなって、この菓子は現在でもイギリスで広く愛されている。

19世紀のイギリスではピクニックやキャンプなどのアウトドアが流行っていたため、伝統的な菓子であるプディングよりも持ち運びしやすい食べ物が好まれた。従来のフルーツケーキに果物の砂糖漬けやフランスのドレンチェリー［サクランボを砂糖やシロップ漬けにして着色したもの］を加えた菓子が人気を博し、イギリスの焼き菓子文化の重要な一部を占めることになった。

１５５５年には医師で有名な予言者でもあるミシェル・ド・ノートルダム（あの有名なノストラダムスだ）が、著書にサクランボの保存方法についての詳細を書いている。この方法は現在でも有効だが、最高級のサクランボを１キロ近く使ってもゼリー半カップ分にしかならない。ただし、ノストラダムスの言によれば「ルビーのように美しい」ゼリーができる。[11]

初代大統領夫人マーサ・ワシントンが18世紀に著した『調理法と菓子の書 *Booke of Cookery* and *Booke of Sweetmeats*』に乾燥サクランボのレシピが掲載されている。また、初版が１７４８年にダブリンで、次いで１８０５年にアメリカで刊行されたハナー・グラスの『手軽で簡単な料理法 *The Art of Cookery Made Plain and Easy*』や、フィラデルフィアで出版されたエリザ・レスリーの『料理指南 *Directions for Cookery*』の１８５１年版にも同様のサクランボの保存レシピが見られる。

近年、美食家の間では熟練した職人による手作りの食品が人気を集めている。小ロット生産［生産数を少なくしてバリエーションを豊富にすること］のメーカーは伝統的なレシピを採用することにより、商業用のジャムに必要な量を確保できない地元の果物栽培を守ろうと取り組んでいる。その

プロヴァンス地方の砂糖シロップ漬けサクランボは、フランスの国家無形文化遺産に指定されている。

一方で、フランスのロワール渓谷地方ソーグにあるボルデ食品会社など、より大きな市場をターゲットに昔ながらの製法を応用してチェリージャムを生産している企業もある。1885年にエセックス州チップトリーで創業したウィルキン＆サンズ社のジャム（チェリー味もある）は、1911年にイギリス王室御用達の指定を受けた。

1905年、イタリアのボローニャでジェンナーロ・ファッブリという人物が開発した商品は、後にファッブリ・アマレーナチェリーとして知られるようになった。彼と妻のラケーレはアマレーナチェリーの果樹園近くにあるポルトマッジョーレで雑貨店を経営していた。ラケーレはそこで摘んだ実をシロップでじっくりと煮こみ、これを気に入ったジェンナーロはこの甘い菓子用に地元の芸術家から青と白の美しい陶器の壺を購入した。[12] 現在、アマレーナチェリーのシロップ漬けを扱う食品会社としては最大手のファッブリ社は、トレードマークである青と白の陶器の壺に詰めて販売を続けている。アマレーナチェリーはジェラートやアイスクリー

トレードマークの青と白の陶器の壺に入ったファッブリ社のアマレーナチェリー。ファッブリ社はこの業界の最大手だ。

ルーマニアのスゼントラズロ、伝統的なレシピで作った自家製サクランボの酢漬け。

ム、ケーキなどデザートのトッピングとして、また、辛みのある多くの料理にも利用される。

　塩は砂糖と同様に食品から水分を吸い取り、微生物の繁殖を防ぐ効果がある。サクランボ発祥の地という説もあるトルコのギレスン産の酸味がある品種は、塩漬けにして、香辛料の利いたトゥズルス・カヴルメシという人気料理に使われる。イランの菓子アルバル・ホシュクは、酸味のあるサクランボを塩漬けして乾燥させたものだ。1913年の『アメリカン・フード・ジャーナル *American Food Journal*』誌には、熟す前のサクランボを使った塩漬けのレシピが掲載されている。

　塩と酢は果物や野菜を漬けるのに欠かせない材料だ。塩漬けや酢漬けの習慣は、キュウリがインドで最初に漬けられた紀元前2030年頃までさかのぼる。この技術は世界中、特に東欧で広く普及し、ユダヤ人はコーシャ・ディル・ピクルスを考案した。[13] ポーランド、ロシア、ウクライナでは、ビーツ、キャベツの千切り、サクランボを漬けるのが一般的だった。ウクライナの酢漬けピクルスは専門店で入手でき、豚肉料理に一風変わった味を添える。

缶詰もサクランボの保存方法のひとつだ。酸味のあるサクランボの約22パーセントは缶詰に、残りは冷凍やジュース、食品に加工されている。チェリーパイのフィリング用缶詰は人気があり、コムストック社が世界最大の生産数を誇っている。甘みのあるサクランボは、製造過程で形や風味が損なわれてしまうため缶詰には適さない。ロイヤル・アン種の缶詰は数少ない成功例だ。

サクランボはラクト醗酵という手法で保存することもできる。料理研究家サリー・ファロンは著書『栄養食の歴史 *Nourishing Traditions*』で、新鮮な生のサクランボと乳清を使ったソース(チャツネ)のレシピを紹介した。

サクランボやその香料はサルサ、チャツネ、バーベキューソース、バルサミコ酢などに加えられ、さまざまな新製品になっている。また、栄養価を高める目的でソーセージ製品やひき肉に加えられたり、トマトの代用品としてチェリーケチャップの原料に用いられたりすることもある。アメリカ航空宇宙局(NASA)は1972年のアポロ16号打ち上げの際、水で戻さずにパッケージからそのまま食べられる中間水分食品のチェリーバーを開発した。

こうした製品の多くには本物のサクランボは使われず、似た味を出すために香料が加えられる。資産家の経営者ウォーレン・バフェットは、チェリーコークを毎日飲むほどの愛好家として有名だ。サクランボ未使用のこのチェリーコークは世界中で人気があり、中国向けの缶にはバフェットの写真が印刷されている。[14] ライフセーバー社の菓子製品で最も売れるフレーバーはサクランボ味だが、こちらも本物のサクランボは入っていない。

ベラルーシでは、甘味料としてサクランボ味のコンデンスミルクをコーヒーに入れるのが一般的だ。

人工のチェリーフレーバーは、実は本物のサクランボの味とはかなり異なる。忠実に再現すると、あっさりしすぎた薄い味になってしまうのだ。人工的に作られた味は、これも人工的な香料を用いて作られるマラスキーノ・チェリーの模倣品のようだ。人工香料の配合については、菓子メーカーや製薬会社によってばらつきがある。液体の医薬品にこの香料を加えると、薬の成分に含まれる嫌な苦味を緩和することができる。人工香料を使用する企業にとってのメリットは、安価で製造しやすく、味も親しみやすいということだ。

食の専門家によると、多くの果物が持つ自然な風味には相性があるそうだ。サクランボは他の果物やワイン、ナッツ類と相性がいい。また、カマンベールなどのチーズ、肉類（鴨肉、豚肉、フォアグラなど）、ハーブやスパイス（コリアンダー、バジル、ミント、タイム、バニラ、ブラックペッパーコーン、チリ、シナモン）ともよく合う。サクランボとチョコレートは最強の組み合わせのひ

フィラデルフィアの菓子メーカー、シェーン・コンフェクショナリーのチョコレートがけチェリーコーディアル。

とつで、特にチョコレートでコーティングしたサクランボは2種類の味を楽しめるだけでなく、文化的背景から愛、ロマンス、セックスを連想させる。

いろんな味が楽しめるサクランボの加工食品を満喫したいなら、世界中で開催されているサクランボ祭りや果物祭りに足を運ぶのが一番だ。

毎年誕生日パーティーが二度あったらいいのに、と思わない人がいるだろうか？　今も昔もサクラの果樹が栽培される地域では、満開の花が咲く時期と果実の収穫時期の年2回、多くの人が賑やかに集う。伝統的な日本の花見のように何百年も続く風習から、各地の観光業界が熱心に取り組んでいる新たな企画や伝統行事の復活まで、多くの関係者がその地域の経済と娯楽を充実させようと考えている。祭り、カーニバル、

ポルトガルのフンダン、パステラリア・パリのチェリー・タルト。

品評会は人々の社会参加と文化的活動を促す意味で重要であり、同じ価値観を共有する方法でもある。

収穫祭は、その時期に収穫された作物で調理した食べ物を楽しむ祭りだ。アメリカでは新鮮なサクランボを使ったパイが昔からの定番で、会場でチェリーパイを焼いたりパイの大食い競争が行われたりもする。ポルトガルのサクランボ祭りでは、サクランボを伝統菓子パステル・デ・ナタに加

ヴェラ・ケレマン作の、ルーマニアの伝統的なチェリースープ。ふわふわのメレンゲとシナモンが特徴的だ。

フランス、ヴナスク。サクランボ祭りでは、伝統的な衣装を身に着けたサクランボ協会のメンバーがパレードを行う。

えて焼き上げる。

こうした祭りの大きな特徴は収穫した作物で作る豊富な食べ物と、収穫を終えた後の開放的な高揚感だ。世界各地の収穫祭でよく見られる光景といえば試食、コンテスト、音楽、そしてロマンス。収穫時期の7月には他の祝日も多く、そのなかにはカナダ建国記念日（7月1日）やアメリカ独立記念日（7月4日）、パリ祭（7月14日）などがあり、この赤い果実が饗宴のテーブルを飾る機会も多い。

カナダの作家アダム・ゴウルナーは2008年の著書『フルーツ・ハンター――果物をめぐる冒険とビジネス』〔立石光子訳。白水社〕で「人類学者の記録によれば、世界のさまざまな部族が宗教的な祝祭や祭日に果物を食べ、集団セックスを行っていた」と書いている。また、宗教史家ミルチャ・エリアーデは、「初期の農耕社会では果物を用いた集団セックスは生活の一部であり、（中略）乱痴気騒ぎをする絶好の機会であった」と指摘している。[15]

ジェイン・グリグソンの『果物百科 *Fruit Book*』には、中世に始まった祭りの伝統が現代まで継承されている様子が書かれている。

人々は果樹園を歩き回り、果実を摘んで売ったり、踊ったり、飲んだり、セックスしたりした（私が住むウィルトシャーの村にはほんの数年前――本書を執筆している今は1982年だ――でも、毎年サクランボの季節に行われた祭り「クリフの饗宴」からちょうど9か月後に生まれたという老人たちがいた）。[16]

イギリスのケント州フェイバーシャムでは毎年7月、世界最多の遺伝資源を収集しているブログデイル・コレクションズでサクランボ祭りが開催される。60ヘクタール以上の農地を持つブログデイルは、4000種以上の果樹という生きた歴史を所蔵する博物館だ。専門家による果物の識別サービスを手頃な価格で一般に提供するこのブログデイル・コレクションズは環境・食料・農村地域省が所有しており、将来のために植物の遺伝資源を保護する国際的なプログラムの一環として運営されている。イギリス人のルーツは農耕民族にあるとして、「果物商の名誉組合」は13世紀以来果物産業を積極的に支援してきた。この組合は卓越した果物産業を後押しし、教育と研究を支援することを使命に掲げ、現在も果物祭りにおいて高品質な果実に賞を授与している。

フランスで最も早く収穫されたサクランボは、スペインとの国境に近いフランス南西部のピレネー＝オリアンタル県にある、歴史の町セレのサクランボ祭りに出品される。また、セレで収穫された初物のサクランボは、1932年以降ずっとフランス大統領に贈られてきた。現在、セレのサクランボ祭りは5月下旬に開催される。[17] 昔からサクランボで有名なセレは美食の遺産を誇る町でもあり、サクランボを使ったパイ、ジャム、ゼリー、口当たりのいいブランデー、ビールやリキュールの製造が盛んだ。サクランボ祭りでは地元のレストランでの試食会や特別メニューの提供、種投げや種飛ばし大会、カタルーニャ地方の民族舞踊（バンダやサルダーナなど）の催しが行われる。

フランスのプロヴァンス地方の町ヴナスクでも毎年華やかなサクランボ祭りが開催され、昔ながらの衣装に身を包んだ地元の生産業者がパレードを行い、サクランボ協会のメンバーは初物のサクランボを誇らしげに披露する。この祭りの目玉はフランスのキッシュに似たチェリーパイ、クラフティのコンテストだ。甘く大粒のル・モンド・ヴナスク（別名レッド・ダイヤモンド）という品種は、ヴナスク独特の気候と果樹園の土壌の結晶だ。観光サイトによると「ヴナスクの果樹園では、サクランボは手作業で丁寧に収穫されます。年間4800時間の日照を確保し、やはり手作業で大きさ（最低26ミリ）と品質を選別しています」[18]。ル・モンド・ヴナスクのサクランボ街道は21の町を通り、ヴァントゥーからリュベロンまでのサクランボ園や生産業者を巡るルートになっている。

イタリアのプッリャ州の都市ビシェーリエとトゥーリでは、1935年頃にサムミケーレ・ディ・バーリの線路近くにあった木の種から開発された品種「鉄道サクランボ」にちなんで、毎年6月に「サグラ・デラ・チリエージャ・フェロヴィア」という収穫祭が開かれる。また、イタリア北部の都市トリノ近郊のペチェット・トリネーゼでは、1911年の国際博覧会で初めて出品されて以来その質の高さで有名なサクランボの収穫祭が行われる。このサクランボは「トリノ県の代表的な特産品」にも指定されている逸品だ。

11月から1月が栽培期となるチリとアルゼンチンでは、サクランボ栽培は重要な農業活動だ。チリのパタゴニア州ロス・アンティグオスでは、1991年から毎年サクランボ祭りが行われている。これは地元のサクランボ生産業者が楽しむのはもちろん、観光客を呼びこむことを目的としており、農場見学、ダンス、自家製サクランボで作ったペイストリーやケーキの試食などが行われる。

現在、世界のサクランボ生産の中心地はトルコとイランで、いずれも各地のサクランボ祭りは地元の人気イベントとなっている。1427年にトルコの羊飼い3家族が緑豊かな地域を訪れ、羊にとって理想的な牧草地だったことから、ここに村が建設された。すこぶる肥沃な土壌と完璧な気候は果樹栽培にも理想的で、サクランボ栽培が産業の中心となったため、この村はトルコ語で「サクランボの地」を意味するキラズルと名づけられた。キラズルでは1975年から毎年6月にサクランボ祭りが開催される。[19] また、村とキラズル村環境生活協会は、2004年から持続可能性に焦点を当てたエコロジー農業プロジェクトを開発、運営している。

イランの果樹園では何世紀にもわたってサクランボが生産されてきたが、世界に向けてその魅力を発信し、生産を促進する目的で2016年に国内初のサクランボ祭りが開催された。イランの人々はサクランボが大好きだ。ひとり当たりの年間消費量は3キロで、アメリカ合衆国の2倍となっている。イラン産サクランボのおもな生産地はラザヴィー・ホラーサーン州、西アーザルバーイジャーン州、東アーザルバーイジャーン州、イスファハン、セムナーンで、ここから世界各国にも輸出される。主な輸出先はイラク、アゼルバイジャン、ロシア、アラブ諸国だ。

サクランボ祭りの意外な開催地に、モロッコのアトラス山脈の町スフルがある。2012年にユネスコの人類無形文化遺産に登録されたこの町では、収穫祭でサクランボの女王が選ばれ、パレードが行われる。その華やかな演出とエンターテインメント性、女王が身に着ける伝統手芸による衣装はこの祭りのハイライトだ。コンテストには地元だけでなく全国から多くの応募者が集まり、地元の職人はサクランボの女王の伝統的なドレスに合わせて手の込んだシルクのボタンを作る。ほかにもスポーツクラブ対抗の競技や音楽に合わせたダンスチームのパフォーマンスも披露され、この祭りを通してスフルの人々は改めて自分の町を誇らしく思う。

アメリカで究極のサクランボ祭りと位置づけられているのは、全米サクランボ祭りだ。このイベントは地元民が「世界のサクランボの首都」と呼ぶミシガン州トラヴァースシティで、毎年7月に開催される。1910年にサクラ祭りとして始まったが、次第にサクランボに特化されたものに変化していった。

オレゴン州セーラムでもサクランボ祭りが行われる。もともと1903年から1968年まで毎年サクラ祭りが行われており、その時期は宮廷が建設されて「ビング」王と王妃がお目見えした。1913年には「チェリアン」という団体が組織されて毎年サクラの木の番人の役目を仰せつかり、また花が満開を迎える数週間前の日曜日は「サクラの日」に制定されていた。近年、オレゴン日米協会の主催によりこの祭りが形を変えて復活した。5キロに及ぶサクラ並木で、日本文化を共有して楽しむパフォーマンス、ワークショップ、実演などのイベントが開催される。また、この伝統的なサクランボの産地で作られたサクランボの食品サンプルも展示される。

美しいサクラの花や美味しいサクランボを求める人々の気持ちは今も昔も変わらないが、祭りの形態は決して不変ではなく、それぞれの地域によって時代とともに進化していく。サクランボ祭りのお楽しみのひとつに、誰が一番遠くまでサクランボの種を飛ばすことができるかを競う種飛ばし大会がある。2004年には「人間エアガン」ことクラウス青年が種飛ばし世界選手権で28・51メートルの最長記録を出し、この記録は今も破られていない。[20] 若き「人間エアガン」の前のチャンピオンは彼の父親で、同大会で10回の優勝記録を持ち「空気銃」の異名をとった強者《つわもの》だ。サクランボの種飛ばし大会はアメリカが発祥だと思う人も多いかもしれないが、文献にはエリザベス朝時代のイギリスに「cherry pit（サクランボの種の意）」と呼ばれるビー玉遊びに似たゲームがあったという記録が残っている。また、シェイクスピアの『十二夜』にも、サー・トビー・ベルチの「悪魔とサクランボの種飛ばし（cherry pit）など、真面目な紳士のやることではない」という台詞がある。スイスやニュージーランドのサクランボ祭りでも、種飛ばし大会はおなじみだ。

アメリカ先住民はサクランボの種をサイコロ代わりにしてゲームをする一方、食料としても利用していた。サクランボの種の中にある仁には有毒な青酸が含まれているが、彼らは種を煮た後に砕

ミシガン州トラヴァースシティの2018年のサクランボ祭り。種飛ばし大会で優勝したT・J・メイソン。

いたり潰したりとさまざまな方法で毒を中和し、それを丸く形成して食べていた。

サクランボの種（stone）は pip，pit，seed とも呼ばれる。人間の消化管内の酵素では種を分解できないため、青酸を含む仁を食べてもほとんど問題はない。割れた種を飲みこんだ場合には危険度は上がるかもしれないが、それでも健康被害を引き起こすにはかなりの量が必要だ。それよりも怖いのは、特に子供が種を喉に詰まらせてしまう事故だろう。種つきのサクランボは4歳未満の子供には与えるべきではない。

１９０５年、マックス・ナッサウアーというドイツ人医師が子供向けの教育絵本『やさしいおいしゃさん――親子の役立つ絵本 *Der Gute Doktor: ein Nützlich Bilderbuch für Kinder und Eltern*』を出版した。14話が収録されており、そのひとつ「たねをのみこんだフランツ」では、フランツ少年がまだ熟していない果物（サクランボも含む）を洗わずに食べてしまい、ひどいけいれんを起こして倒れ、「まるで　しんでしまったかのようでした」。だが、フランツ少年は運がよかった。

おいしゃさんが　やってきて、チューブを　とりだしました
それをフランツの　おなかにいれると　でてきたのは
とてもおそろしい　どくをもつ　12このサクランボのたね
もし　おいしゃさんがいなければ
フランツは　とてもぶじでは　いられなかったでしょう

フランスのヴナスクで。フランスのチェリーパイ、クラフティ。

アメリカのユーモア作家、故エルマ・ボンベックの『人生はボウルいっぱいのサクランボ? 私のボウルは種だらけ』は、チェリーの種（pits）を飲みこむことについて書かれたエッセイではない。ここではサクランボの種は人生の暗い側面にたとえられている。アメリカの俗語では、最悪な出来事やものをIt's the pitsという。

昔からクラフティには種を取り除いたサクランボが使われている。また、伝統的な自家製チェリージャムのレシピは、モスリンの袋に入れたサクランボの種を、実と砂糖の入った鍋に加えて煮るというものだ。マハレブチェリーの種の仁で作られるスパイス、マハレブは中東料理の定番で、トルコのコレク、ギリシャのツレーキ、アルメニアのチョラクなどの菓子パンによく使われる。

サクランボを使った料理はたいてい種を取り除いて供されるが、種取り器がなければこの作業はかなり面倒だ。そこで、サクランボ生産者たちは迅速かつ効率的に種を取り除く精巧な自動種取り機を開発した。ただしレストランや家庭にはそのような機械はないので、ときには工夫を凝らして種を取る方法を編み出すことになる。箸やクリームの絞り袋の口金、ストローなどを使って種をつついて取り出すのもひとつの方法だ。ほかにも、まっすぐに伸ばしたペーパークリップや爪楊枝、ロブスターやカニの身をほぐすフォークをサクランボの柄の根元に差しこみ、種の周囲をぐるりと回して種を押し出すやり方もある。古いフォークを使って簡単な種取り器を作ることもできる（本書の最後に紹介しているYouTubeのビデオを参照）。

サクランボの種は、さまざまな文化のなかで魔法や占いの道具として使用されてきた。有名な映画『イーストウィックの魔女たち』（1987年）では、魔女たちはサクランボの種をボウルに吐

ヴィンテージもののサクランボ種取り器。1900年代初頭。

き出して呪いをかける。民間療法にはサクランボの種を詰めた布袋を温めて温熱パッドのように体に当てる治療法もあり、この袋はかすかにサクラの香りを放つのでアロマテラピーの効果もある。

サクランボの種は芸術作品にも変身する。先住民はネックレスを作り、現代では種を使って驚くべきミニチュア彫刻を作るアーティストもいる。ペンシルベニア州リゴニアに住むボブ・シェイミーは、いろんな果物、特にサクランボの種に彫刻を施すアーティストのひとりだ。彼の作品は、『リプリーズ・ビリーブ・イット・オア・ノット！ *Ripley's Believe It or Not!*』という番組に2度取り上げられた。

種の中心にある仁にも有用な用途がある。仁には抗酸化物質、オレイン酸、天然皮膚軟化剤成分が豊富に含まれているため、仁を原料としたカーネルオイルは乾燥した肌に潤いを与え、マッサージオイルにもなる。

考古学者や民族植物学者はサクランボの種を利用してその起源や分布を明らかにし、さらには古代人がどのような食物を摂っていたかを調査してきた。ウェールズの砦《とりで》に駐屯していたローマ軍兵士がサクランボやブラックベリーを食べていたことを示唆する考古学的証拠もある。また、現代のスミミザクラに似たサクランボの種がシルチェスター、セルジー、ウェスト・ウィッタリング、ロンドンのテムズ川付近など、イングランドの数か所から発見されている。[21]

サクランボの柄ですら、単に実と枝をつなぐ以上の使い道がある。紅茶に柄を浸して飲むと生理痛の緩和などいくつかの薬効があると言われているし、痛みがなくてもくつろいだ気分になるという効果はあるだろう。

舌を使ってチェリーの柄を結ぶという、セクシーなかくし芸もある。けっこう難しく、成功するには舌がかなり器用でなくてはならない。サクランボ自体にもロマンティックなイメージがあるが、舌で上手に柄を結ぶことができる人は恋愛の達人だと言われている。

舌を使ったサクランボ結びのギネス世界記録保持者は、アル・グリニエキという男性だ。彼は1分で14本、3分で39本、1時間で911本の柄を結んだ。『ニューヨーク・タイムズ』紙には、グリニエキのこんなアドバイスが掲載された。

> まず柄をつまんで、舌の中心に縦に載せます。そのまま口を閉じ、舌を曲げて上あごに押しつけてください。こうすると柄が半分に曲がり、両端が交差します。このとき柄の先は前を向いているはずです。柄の先端が丸くなっているものを選ぶと舌で先端を見つけやすくなり、簡単に柄を輪の中に通すことができます。[22]

舌で柄を結ぶのは楽しいかもしれないが、ほとんどの人は柄があろうとなかろうと、美味しいサクランボを食べられるだけで満足するだろう。

第4章　木材——永遠の美

これはペンシルベニア州で起きた史上最高の災害だ
——ペンシルベニア森林協会　ロバート・クラーク[1]

1700年代にペンズウッズ（現在のペンシルベニア州）に初めて足を踏み入れた入植者たちは、山頂にそびえ立つ深いストローブマツの森を発見する。木目がまっすぐで節《ふし》のないこのマツは、ヤンキー・クリッパー［アメリカで造られる大型の高速帆船］のマストや支柱の材料に最適だった。19世紀にはペンシルベニア州の木材産業は全盛を極めていたが、1900年代初頭に過剰な伐採によって同州の大半のマツ林が姿を消し、何百万ヘクタールもの丘陵地が裸地になるという最悪の事態に陥った。

ところが、このマツの壊滅状態が他の樹木に思いがけない幸運をもたらすことになる。サクラを含む広葉樹は日当たりのいい場所でよく育つため、樹高の高いマツ林が伐採されたことによって広葉樹林が繁殖したのだ。ペンシルベニア州立大学の森林学助教授だったジェイムズ・R・グレースはこう語っている。「滅多にない偶然が起こった。われわれが貴重な広葉樹林を取り戻すことができたのは、単に運が良かったからだ」[2]

ニューヨークのマッコネルズビルにあるブラックチェリー（Prunus serotina）の森。

マツ林が皆伐［一定区間の木をすべて伐採すること］され、その後サクラの木が生育したのは確かに幸運だったが、これは非常に稀なケースだ。現在の林業活動において皆伐は基本的に禁止され、代わりに選択的伐採が行われている。選択的伐採で管理されている森林は手つかずで上部の葉が生い茂る木も多く、日陰を嫌うサクラの苗木はうまく育たない。その結果、野生のサクラから仕入れる木材の量は減少の一途をたどっている。

この厳しい状況を逆手に取って有数の高価な広葉樹材になったのがブラックチェリーで、ペンシルベニア州に「世界のブラックチェリーの首都」という称号をもたらした。[3] ペンシルベニア州に生育する最高級のブラックチェリーは、その豊かな色、はっきりした木目、なめらかな質感からエレガントな家具の材料として重宝されている。当地のサクラ材は世界中で人気だが、特に大量に仕入れているのはベルギー、カナダ、フランス、ドイツ、イタリア、日本、台湾だ。種類によっては1本800～900ドル（約8万7000円～9万8000円）の値がつくこともあるという。

結実するサクラの木材を18世紀にイギリスから持ちこんで使っていたニューイングランドの家具職人たちは、現在サクラ材にこんな高値がつくと知ったら仰天するに違いない。彼らは当時家具材の主流だったホンジュラス・マホガニーをもじって、サクラ材を「ニューイングランド・マホガニー」と呼んでいた。[4] トーマス・ジェファーソンのような富裕層はサクラの木を床材に使うこともあった。彼はモンティチェロの自宅の応接室を自ら設計したが、床は以前旅先のフランスで見かけた寄木張りをモデルにしており、サクラとブナという対照的な2種類の木材を使用した。[5] 現代の内装会社も、対照的な木の色を際立たせる「モンティチェロ式」の寄木張りの床を取り扱っている。

アブラハム・レントゲン設計による、ドイツの機械建築家用のサクラ材のデスク。
1780～1795年頃

サクラ材は一枚板の中で複数の木目のコントラストが際立つものが多く、キャビネットや家具の材料によく使われる。そのため、完成した家具の色は薄いピンクがかった茶色から中程度の赤みを帯びた茶色までさまざまで、経年と日光によってだんだん濃く変色していく。サクラ材は耐久性があり、製作作業や仕上げ塗装がしやすいとして家具メーカーや木工職人に高く評価されている。

ドイツの家具職人アブラハム・レントゲン（1711～1793年）は、隠しボタンで開く精巧な引き出しや部品の一部が動くサクラ材の家具を製作した。ロンドンのヴィクトリア＆アルバート博物館には部品を動かすことで書きものにもカードゲームにも使える美しいテーブルが、ニューヨークのメトロポリタン美術館には隠し引き出しのついたデスクが収蔵されている。どちらも材料はサクラ材で、特にその色合いはひときわ目を引く美しさだ。チャールズ・バー社など現代のイギリスの家具会社では、ヨーロッパ産よりも傷みが少なく幅広で高価なアメリカ産サクラ材を好んで使用する。

1844年にニューヨーク州マッコネルズビルで創業した家具会社ハーデン社は、現在も高級家具にはサクラ材を中心に広葉樹の無垢材を使用している。同社は4000ヘクタールの栽培地を管理しており、環境配慮の方針に基づき自社用の樹木を育てている。これまでに製作したサクラ材家具のなかにはホワイトハウスの新しい会議テーブル、ファーストレディのオフィスの家具やワシントンD.C.の行政府ビルのエグゼクティブデスク、国会議事堂のビジターセンターとアメリカ上院・下院の会議室用の1000脚の椅子などがある。[6]

1944年、日系アメリカ人の彫刻家でアーティストのイサム・ノグチはクラシックな家具をい

ワシントンD.C.のホワイトハウス。ハーデン社製のサクラ材テーブルに着くバラク・オバマ大統領（2010年当時）。

くつか設計し、サクラ材で製作した。シンプルな三角形のデザインのコーヒーテーブルは、ガラスの天板を2本のサクラ材の脚部で支えるという3つの部品だけで成り立っている。このテーブルはデザイン性と機能性の完璧な調和を示す代表的な作品となり、現在でも有名な家具会社ハーマンミラー社が製造を続けている。[7] もうひとり、有名な日系アメリカ人の木工家具デザイナーで建築家でもあったジョージ・カツトシ・ナカシマ（1905〜1990年）は、サクラ材を使った独特の作品を多く制作した。彼は20世紀を代表する家具デザインの革新者のひとりで、1983年には天皇陛下臨席のもと日本政府より勲三等瑞宝章を授与された。[8]

メイン州オーバーンにあるトーマス・

モーザー社では、手作り家具の多くにサクラ材を使用している。同社は２００８年のベネディクト教皇、２０１５年のフランシスコ教皇訪米に合わせて、シンプルでエレガントなサクラ材の肘掛け椅子「ハープスウェル」を製作した。フランシスコ教皇の訪米に合わせて作られたハープスウェルは、後にチャリティーオークションに出品されている。[9]

厳律シトー会に属するローマ・カトリックの修道士会、通称トラピスト会はサクラの木のユニークな使用法を発見した。アイオワ州ニュー・メルレイにあるトラピスト修道院で、敷地内のサクラから木材を取り、シンプルな棺や埋葬用の高級骨壺に加工しているのだ。修道院のウェブサイトには、この木製の棺を作る目的が説明されている。

悲嘆にくれるご遺族に、修道士が祈りを込めて作り、神の祝福を受けた簡素で美しい棺を

モッドウェイ社から発売された、1944年イサム・ノグチ設計の三角形のコーヒーテーブル。サクラ材の脚とガラスの天板を組み合わせたこのテーブルは、現在も製作されている。

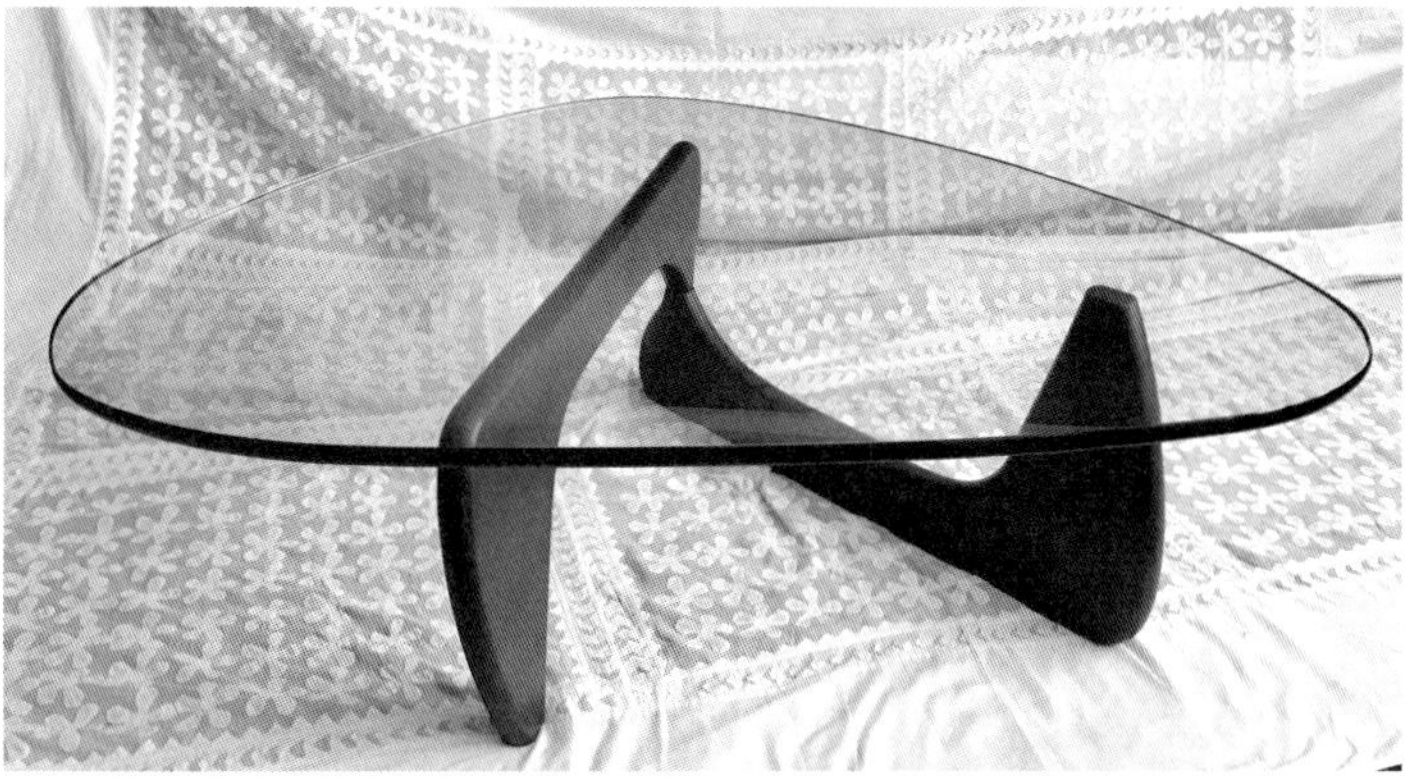

提供することで、心に傷を負った主の子供たちの心は慰められ、また強い愛情と慈しみに満ちた教えの成就をご覧になった主もお喜びになるでしょう。（中略）大工でもある私たちは、同じ仕事を生業としておられたイエスや聖ヨセフとの結びつきに意味を見出すのです。[10]

サクラ材はきめ細やかで木目が真っ直ぐに伸び、色も美しいため、小品の製作にもよく用いられる。世界各地にはさまざまな木彫りの伝統工芸があり、その作品は多くの祭りや催しで見ることができる。たとえば、ルーマニアのコルイアでは毎年6月に地元団体チレシャリイ（ブラックチェリーの意）が主催する祭りが開かれ、サクラ材の木彫りを含む地元の伝統工芸品が展示される。ルーマニアは現在でも木彫り工芸が盛んな国だ。サクラの木のスプーン、皿、紡績機のスピンドル［糸を巻き取る回転軸］、織機、パイプなどの家庭用品もあれば、サクラ材で彫られた装飾的な門を構えた家もよく見かける。この伝統工芸は代々大切に受け継がれており、木彫り教室に通う子供も珍しくない。

スプーンの柄にルーマニアの伝統的な彫刻を施すルーマニアの木彫り職人、マーク・トゥドセはこう語る。

私の思いは、一見シンプルな品を、その品物が持つ物語と象徴を通して価値あるものにしたいということです。意識的か無意識かにかかわらず、人は人生において愛、幸福、幸運、知恵などシンプルなものを求めています。（中略）私はスプーンを通じて、スピリチュアルなテーマ

木目が印象的な、サクラ材の工芸品。

木目が印象的な、サクラ材の工芸品。

を内包したルーマニアの民話を伝えているのです。[11]

ルーマニアのクンプルング・モルドヴェネスクにある木製スプーン博物館には6000本以上の木製スプーンが収蔵され、その多くの材料はサクラ材だ。日常用のテーブルスプーンだけでなく、婚約、結婚、死亡など人生の節目に用いられる珍しいデザインのものも展示されている。なかには食べ物が少ししか載らないようにすくう部分（つぼ）が平らになった「大食い防止」スプーンや、旧約聖書の言葉を借りれば「争い好きな女」、つまり口うるさい妻の文句に耐えかねた夫が妻に向けて振るための木の輪っかがついたスプーンまである。

アメリカのペンシルベニア州ケンプトンにあるジョナサンズ・ワイルド・チェリー・スプーンズ社の木彫り職人ジョナサン・シモンズも、サクラ材の価値を実感しているひとりだ。シモンズはもともとライラック、スモモ、セイヨウスイカズラなど珍しい木を使ってスプーンを作っていたが、現在は印象的な色や木目、耐久性、滑らかな手触りを持ち、作品に独特の調和と温かみを与えるサクラ材を使用している。[12]

ブラックチェリーの木の節は珍しい木目模様となり、美しい木のボウルの材料にもなる。節は、虫やストレス、真菌、ウイルスなどの刺激によって、成長期に枝が出た跡が木材に残ったものだ。牡蠣《かき》の中で育つ真珠のように、木は急速に枝や葉を繁殖させてその刺激を包み、遠ざけようとする。この結果として表れる節は種類によっては模様として活かすことができ、木工職人の間で珍重されている。また、北アメリカのノースカロライナ州では、1940年代から東部チェロキー族のリ

ルーマニアの伝統的な木彫りスプーン。

チャードとベルディナ・クロウ夫妻がサクラ材で手作りの人形の置物を作り続けた。現在、その多くはスミソニアン協会が運営する国立アメリカ・インディアン博物館に展示されている。チェロキー族の木彫り職人の家系に生まれたリチャードが人形をデザインしてサクラ材に彫り、ベルディナは南東部の多くの部族が身に着けていた典型的な19世紀の衣服を作って人形に着せた。リチャードがサクラ材を好んだのは、本人によれば「チェロキー族の肌の色にとても近く、研磨するとさらに本物らしく見えるからだ[13]」。

日本の版画には、伝統的に木版と呼ばれるヤマザクラの無垢板が使われている。木版を作るのは大変な作業だ。原木から切り出した木版を4年かけて乾燥させ、それに小さい板を組み合わせて大きな版を作り、歪みを防ぐために両端に把手《とって》をつけて補強する。[14]その後、

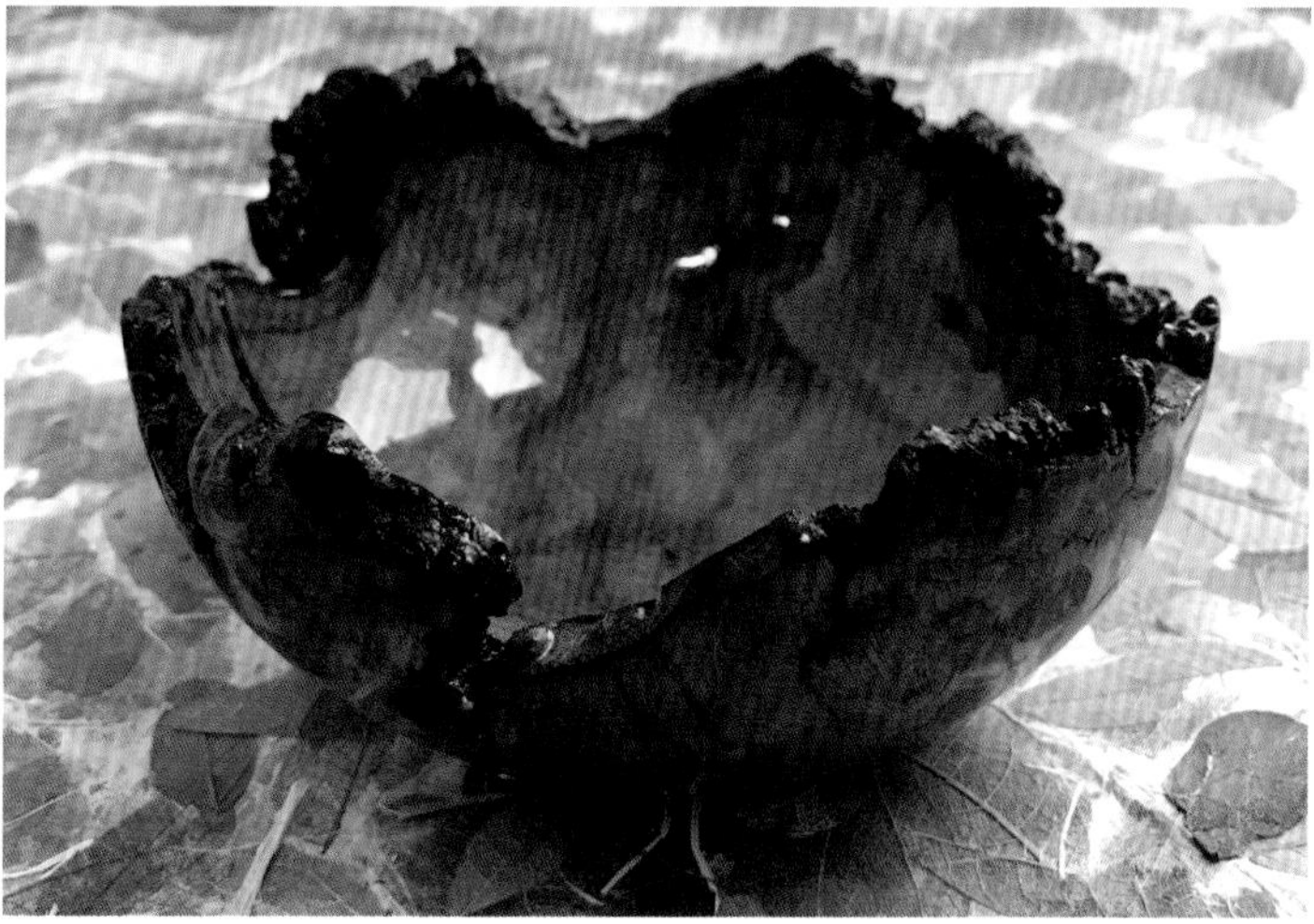

ダグラス・リチャードがサクラの樹皮で作ったボウル。フロリダ州ウェラカのスクレイルウッド社が販売している。

手作業でかんな仕上げをして完成だ。現在、日本ではヤマザクラ材はめったに手に入らず、しかも木版を作ることのできる職人はほんのわずかしかいない。ヤマザクラが稀少なことから、木版画家によっては古い木版の表面をかんなで平らにして再利用したり、ヤマザクラ以外の木版を使ったりしている。ニューイングランドのブラックチェリーはヤマザクラに材質が似ているため、木版の表面に張る突板《つきいた》としてよく利用される。

サクラ材にはほかにも楽器の材料という興味深い用途がある。サクラ材自体が音楽に新たな音色を加えるわけではないが、特定の周波数を吸収して最終的な音に影響を及ぼすのだ。バンジョー、ハープ、マンドリン、ギターなどによく用いられ、その心地よい音色と、研磨で艶出しした美しい仕上がりから非常に評価が高い。カナダの弦楽器職人マーク・ソーミエは、ブラックチェリーを含む地元の原木から楽器を製作している。2010年、彼は「チェリー・セブン・プロジェクト」を立ち上げ、ほかの弦楽器職人たちとのコラボレーションを実現させた。これは職人たちが1本の木から取れた木材（ブラックチェリーも含む）で楽器を製作するというもので、手作りの美しいギターの数々はその年のモントリオール・ギターショーで発表された[15]。

カザフスタンの首都アスタナ（2019年にヌルスルタンに改称）に建設されたセントラル・コンサートホールでは、その音響特性からアメリカン・ブラックチェリーの木材が採用された。イタリアの建築家マンフレディ・ニコレッティが設計し、「大草原に咲き乱れる花」と呼んだこの建物内部の回廊全体、そして観客席の板張りの吊り天井にもアメリカン・ブラックチェリー材が使われている。

ルーマニアのブカレスト、サクラ材のハープ。

『ハリー・ポッター』シリーズに出てくる魔法の杖はさまざまな素材で作られており、それぞれ超自然的な力を発揮する。ある杖作りによれば、「サクラ材の杖は変身術、魔除け、占い、薬草学、天文学の分野で最も優れた効果を発揮する」。ハリー・ポッターについて詳しく解説しているウェブサイトには、「この杖は魔法を使うと白や濃淡のピンクの火花を放ち、柔らかなサクラの香りが杖の周りに漂う」と書かれている。[16]

ほかにも魔法にまつわる物語や伝承では、その地にどっしりと根づいた揺るぎないサクラの木には大地のエネルギーが宿るとされている。サクラの木材や香《こう》、種、果実は占い、霊媒、ヒーリングの強力な道具だ。サクラ材の杖は不妊治療のまじないにも有効で、「Wiccan Altar（ウィッカの祭壇）」［ウィッカは古代ヨーロッパの多神教、特に女神崇拝を復興する新宗教］というウェブサイトによると、サクランボは「他の媚薬よりも欲情を刺激」し、「魔法をかけたサクランボは誘惑のまじないに特に大きな威力を発揮する」。[17]

また、スコットランドのハイランド地方にあるウェスター・ロスには、サクラの木の杖を持っていれば道に迷わないという古い言い伝えがある。ブラックチェリーは主幹の樹皮はざらついているが、枝の多くには灰色や金色がかった珍しい光沢が見られる。[18]

伝承「ラウエネック城の伝説」にはサクラの木と種、巨人、幽霊が登場し、複数の違うあらすじが存在する。ロヴェルトとメアリー・ウィルヘルム夫妻が管理するウェブサイト「Storyfest」では、物語はこんな風に始まる。

人生も半ばに差しかかった頃、ラウエネック城の騎士は金の財宝を築いていた。この財宝を盗まれることを恐れた彼はふたりの巨人を雇って城の周囲に堀を作らせ、堀の周囲に壁を建てさせた。石壁の隙間にサクランボの種すら入る余地のない頑丈な壁を建てよ、と騎士は命じた。

ところが、騎士は作業を終えた巨人たちに感謝するどころか手ぶらでふたりを追い返してしまう。

巨人のひとりが呪いをかけた。「明日の日の出には、おまえの財宝は跡形もなく消えているだろう」。するともうひとりがつけ加えて「お前は亡霊となり、城をさまようことになる——カラスのくちばしからサクランボの種が落ち、おれたちが隙間なく築いた頑丈で滑らかな壁の裂け目に入りこむまで」。

ひとり目の巨人が唸るように続けた。「そして、サクランボの種が大木に育ち、切り倒され、その木で生まれたての赤ん坊の揺りかごが作られるまで……」

カラスやサクランボの種やサクラ材の揺りかごを交えて物語は進み、紆余曲折の末にめでたしめでたしの結末を迎える[19]。

サクラの木には直感力や洞察力、執筆中のスランプを救う力があるそうだ。「ラウエネック城の伝説」をはじめ民話を後世に書き伝えてきた作家たちも、もしかしたらサクラ材のペンを使っていたかもしれない。木工職人でエアルーム・ギフト・ペンズ社の創設者でもあるジム・カニンガムは、北アメリカの史跡で見つけた倒木の大枝を利用してペンを作っている。たとえばサクラ材のペンは、1777年の第二次トレントンの戦いや、アメリカ独立戦争中の最も長期にわたる戦いのひとつ、ブランディワインの戦いを見届けた原木から作られたものだ。[20]

木工職人が利用するのは樹木だけではない。サクラの樹皮も工芸品に姿を変える。これを利用した興味深い工芸品としては日本の樺細工、特に茶筒が有名だ。[21] 約220年前、下級武士は茶筒をはじめサクラの樹皮で作った品を売って副収入を得ていた。そうした品物は現在も高い価値を持っている。ほかにも印籠《いんろう》と呼ばれる、薬やタバコを入れる小型容器も作られており、男性が着物の帯の裏に印籠の紐を通し、紐の先端につけた根付と呼ばれる象牙細工の留め金を帯にひっかけて携帯していた。[22]

こうした日本の工芸品には栽培種の桜の樹皮では強度が足りないため、ヤマザクラの樹皮だけが使われる。春になると木材メーカーや職人は野山に足を運び、立ち並ぶ木々の中からサクラを探す。ピンク色の花が目印になるため、見分けるのは比較的簡単だ。木から樹皮を剥ぐのは、梅雨が明けて作業がしやすくなる8月か9月。樹皮は再生するため、剥いでも木が傷むことはない。同じ木から何度か樹皮が取れるわけだが、興味深いことに、再生した樹皮は最初に剥いだ樹皮とは見た目が大きく異なる。ヤマザクラの樹皮で工芸品を製作しているのは、世界でも日本の秋田県にある角館《かくのだて》だけだ。現在、この技術を継承している製造会社はわずか5社しかない。[23]

アメリカ先住民はチョークチェリーの樹皮から薬を作り、ほかにも野生のサクラの木をいろいろなことに利用していた。ダニエル・モアマンの著書『ネイティブアメリカンの食用植物：民族植物

エアーズ社が販売する、サクランボ味の風邪薬シロップの絵葉書広告。19世紀。裏面には「これを飲めば喉と肺のあらゆる症状をたちまち鎮めます。ほかのどんな薬よりも効き目は抜群」と謳われている。

学事典 *Native American Food Plants: An Ethnobotanical Dictionary*』から情報を引用したウェブサイト「Herbal Academy」にあるように、サクラの樹皮は多くの病気の症状緩和に用いられていたのだ。

チェロキー族の用途：咳、風邪、発熱、消化不良、陣痛の緩和、強壮剤、また、ただれや潰瘍の収れん剤の原料。

チペワ族の用途：虫除け、火傷・切り傷・潰瘍の消毒と修復、コレラや結核の治療薬。

デラウェア族の用途：下痢、咳、一般的な体力減退時の強壮剤。

イロコイ族の用途：咳、風邪、発熱、頭痛、気管支炎、肺炎、喉の痛み、血液浄化、梅毒が引き起こす痛み、火傷の治療薬。

オジブワ族の用途：胸の痛みの緩和剤。[24]

アメリカ大陸の初期の入植者もまたチョーク

サクラの樹皮とサクランボの柄を原料に薬剤を作る。

チェリーの樹皮を咳止めの原料にしていたが、これは先住民に倣ったに違いない。入植者が先住民の知恵を学んだ結果、1820年の米国薬局方［医薬品に関する品質規格書］には鎮咳薬と鎮静剤としてチョークチェリーの樹皮が追加された[25]。当時サクラの樹皮が緩和すると言われていた症状には、消化不良をはじめとする胃腸の病気、喉の痛み、肺炎、神経過敏症などがある。また、風味を加えて飲みやすくする目的で咳止めシロップにも用いられていた。サクラの樹皮を煎じた飲料はそれ自体が薬でもあり、さらに薬の苦みを和らげるためや、膿瘍、火傷、潰瘍の湿布薬や軟膏としても利用されていた。

　サクラの樹皮は「キニキニック」にも使われていた。キニキニックとは混合物という意味で、何種類もの樹皮や草、ハーブを混ぜ合わせたものだ。アメリカ先住民はパイプでこの薬草を吸っていた。彼らには仲間との交流を目的とするパイプの回し飲みの風習もあったが、癒やしの儀式でもパイプが吸われていたことから、やはりサクラの樹皮は薬と見なされていたと考えられる。薬草医のジム・マクドナルドは「タバコの本質はまさに『祈りの医学』の本質と同じだ。どちらも頼もしい味方であり、聖なる薬として用いられる」と述べた[26]。

サバイバリスト［自然災害や核戦争などに対する備えを怠らず、自力で生き延びることを信条とする人］は、目の痛みやホワイトアウトには木の内部樹皮を蒸し、その蒸気を目に当てるのが有効だと考えている。

サクラの樹皮を剥いでさまざまな用途に活用していたアメリカ先住民は、やがてほかにも使える部分があることに気がついた。それは樹液だ。樹液とは、植物の維管束系を通して循環する糖とミネラルの水溶液を指す。

透明性のある琥珀色で、粘ついたゴム状のサクラの樹液は11月から3月の休眠期に樹皮から滲《にじ》み出る。樹液の色が不透明ならそれは壊死組織が含まれていることを意味し、糸状菌による樹脂病に感染している可能性が高い。潰瘍《かいよう》病に感染した場合にも樹液が染み出すことがある。

サクラの樹液のかすをチューインガムにする方法を初期の入植者に教えたのはアメリカ先住民ではないかと考える歴史家もいる。透明で味のない樹液は、乾くと弾力性が出る。糖分は一切含まれていない[27]。

アメリカ先住民はサクラの樹液を接着剤としても使用していた。加熱して動物の脂肪を燃やした

ヴァージニア州フレデリックスバーグ、ジョージ・ワシントンが少年時代を過ごしたフェリー・ファームのサクラの木。樹液が染み出している。

灰と混ぜると強力な水溶性の接着剤になり、矢じりやナイフの刃を柄に取りつけるのに便利だ。また、サクラの樹液と穀物を混ぜると厚みがあっていい匂いの接着剤ができ、それを木の枝に塗って小鳥を捕まえていた。カリフォルニアの先住民はホリーリーフ・チェリー（学名 *Prunus ilicifolia*）の樹液を飲料や甘味料として摂取していた。[28]

ヨーロッパでは、樹皮と同様に樹液も薬として有効だと考えられていた。イギリスの薬草医ニコラス・カルペパーは、1653年の著書『カルペパー ハーブ事典』（株式会社ラパン訳・編集協力。パンローリング）で次のように述べている。

サクラの樹脂をワインに溶かして飲むと風邪や咳、声がれに効く。また顔色や視力を改善し、食欲を増進させ、結石を砕いて体外に排出するのに役立つ。石ですりつぶしたブラックチェリーを漬けた溶液も結石を砕き、砂やガスを体外に排出するのによく用いられる。[29]

1884年のリチャード・フォルカードの著書『植物の伝承、伝説、抒情詩 *Plant Lore, Legends and Lyrics*』には、サクラの樹液が驚くべき可能性を秘めていると書かれている。その裏付けとして、彼は「包囲戦の約2か月間、100人以上の男がこの樹液の栄養分だけで生き延びた」という逸話を引用した。[30]

たしかにサクラの木や樹皮には治癒力や薬効があるが、同時にマイナス面もある。簡単に言えば、サクラの木は毒素を含んでいるのだ。野生のブラックチェリーは、アメリカ各地の柵で囲まれた土地や植林地に生育する。サクラの種子や小枝、樹皮、葉には青酸グリコシドという有毒な化学物質が含まれているが、オジロジカをはじめ、ある種の動物は苗木や種子を口にしても影響を受けない。サクラの葉には苦味があるため放牧地の馬や牛はあまり口にしないが、サクラの木が暴風雨で傷ついたり竜巻で倒れたりすると葉はしおれ、苦みが少し弱まる。家畜がそのしおれた葉を食べると、グリコシドは体内で加水分解され、有毒なシアン化水素、つまり青酸が生成される。大学や郡の普及サービス機関は、牧草地に葉のしおれたサクラの木がある場合は家畜を近づけないよう、また、竜巻が起こると折れた枝が遠くまで吹き飛ぶため、飛んできたサクラの枝はすぐに撤去するよう農場経営者に注意を促している。

2001年、競走馬のサラブレッド種の繁殖牧場として有名なケンタッキー州レキシントン地域で馬が中毒症状を起こすという珍しい事例が発生した。その年の春、中毒により何百頭もの牝馬が流産、死産したのだ。ケンタッキー大学農学部の調査の結果、異常気象の影響でブラックチェリーの葉に通常より毒素が多く含まれ、それをテンマクケムシが食べていたことが判明した。ケムシの毛に濃縮された毒素が、牝馬が草を食む牧草地に分泌されたことが中毒の原因だった。

チョークチェリーも品種によっては毒素があるので、葉や種を摂取するのは避けた方が良い。セイヨウバクチノキ（学名 *Prunus laurocerasus*）は美しい常緑低木だが、これも葉や小枝には毒素がある。どちらもアーモンドのような香りがすることがあり、これはシアン化合物の特徴だ。

念のために言うと、平均的な量であればサクランボを食べてもシアン化物中毒になる可能性は極めて低い。もっとも、1850年にアメリカ大統領ザカリー・テイラーが早すぎる死を迎えたのは、サクランボと牛乳を摂りすぎて青酸カリ中毒を起こしたからだという噂が長年にわたってささやかれてきた。この可能性はその後否定されたが、死因についてはいまだに複数の説がある。[31]

世界中で毎年何百万キロものサクランボが消費されるが、食べて中毒を起こしたという例は数少ない。サクラがシアン化物中毒を引き起こすリスクは極めて低く、よほど大量のサクランボの種や葉などを口にしない限り心配はいらないだろう。

サクラの葉はとても特徴的だ。細い単一葉片で縁にはギザギザの鋸歯《きょし》があり、一対ではなく、枝に沿って交互に生える。[32]

ほとんどの品種の葉は幅が狭く細長い。たとえばブラックチェリーの葉は、長さが平均5～15センチで幅は2・5～4センチだ。色は表面と裏面で異なり、ブラックチェリーの葉の表面は光沢のある濃い緑色、裏面はかなり明るい緑色をしている。秋になると、大半の品種の葉は黄色や赤に変化する。[33]

サクラの葉斑点病は *Blumeriella jaapii* という真菌が原因で発生し、感染は葉、茎、果実にも広がる。感染した葉には斑点が現れ、茶色になって穴が開く。古い葉は黄色に変色して枝から離れる。別の真菌感染症に葉が黄色くなるバーティシリウム萎凋病《いちょうびょう》があり、これは木の根元が感染してそれが徐々に上部へと広がる病気だ。小枝や枝も感染し、最終的にはその木自体が枯死してしまう。[34]

サクラはさまざまな芸術において頻繁に取り上げられてきたが、その葉もまた芸術の一端を担ってきた。アメリカ先住民はチョークチェリーの葉で緑色の染料を作り、皮革に着色した。日本の和紙には、桜の花と秋に色づいた桜の葉を組み合わせて作られるものもある。桜の花と葉は日本文化

オハイオ州シンシナティ、秋に色づくサクラの葉。

桜餅は、甘く味をつけたピンク色のもち米で餡を包み、食用の桜の葉の塩漬けを巻いた和菓子だ。

の重要な象徴であり、根付に桜の葉が描かれているものも多い。

日本の食文化においても、桜の葉は小さいが重要な役割を果たしている。たとえば桜の花と同じピンク色の桜餅は、甘く味をつけたもち米で餡を包み、食用の桜の葉の塩漬けを巻いた和菓子だ。春の始まりと桜の季節を告げるひな祭りの時期に、女児の無病息災を願って食べる伝統がある。良い状態で長く保存がきくのはオオシマザクラの葉で、美食家によれば水気があって香りが良いということだ。[35]

桜の葉を使った調理法にはお茶やワインなどもある。また、キュウリを漬けるときに桜の葉

桜の葉を描いた象牙の根付。
17世紀。

を混ぜる昔ながらの製法もあり、これは漬物の歯ごたえをよくする効果がある。

この第4章では、サクランボと違って一般には食用とされない部位も、文化と時代によって薬や食材として活用されてきた事実に焦点を当てた。研究者や美食家はさまざまな材料を使った新しい調理法を常に追求しており、サクラも花、葉、実、樹皮などあらゆる部位が食材として未知の可能性を秘めている。

第5章　文学、伝説、伝承、絵画

彼女の顔には庭園がある（中略）
誰もさくらんぼを買うことはできない
さくらんぼ自らが「熟れた」と呼び声を立てるまでは
――トマス・キャンピオン[1]（1567～1620年）

人はきらきらと輝くものに惹かれるという。研究によると、私たちは「輝く」と「美しい」を同義語と捉える傾向にあり、そのいい例が金やダイヤモンドだ。同時に、人は生まれつき抱いている欲求を満たすものにも魅力を感じ、「輝く」という言葉からは「水」を連想するという研究結果もある。また、赤は警告であると同時に人を魅了する色だ。サクランボの赤と葉の緑色は補色、つまり色相環では正反対に位置する色で、この組合せは強いインパクトを持っている。赤い果実のなかでも際立ってつやつやと輝く甘いサクランボに私たちが惹かれるのは、考えてみれば当然の話だ。

中国の文化では赤は喜び、幸福、幸運を表す。伝統的な婚礼衣装の色も赤だし、旧正月にも人々は赤い服を身に着け、子供たちは赤い封筒に入ったお金を渡される。また、熟した赤いサクランボは縁起の良い贈り物だ。赤は繁栄と幸運を、丸い形は完全性と永遠を象徴すると考えられている。

人は甘い味に惹かれるものだが、この嗜好は生まれて初めて甘い母乳を飲んだときからすでに始

ジュゼッペ・アルチンボルド『ウェルトゥムヌスとしての皇帝ルドルフ2世像』。
1590年～1591年頃。油彩。キャンバス。

まっている。子供にとって甘いお菓子は特別なご褒美だ。そして果物で言えば、サクランボは甘い味の代表的存在だろう。

サクランボは静物画、風景画、肖像画、歴史画、宗教画などあらゆるジャンルの絵画でも描かれている。画家がサクランボを描く場合、それは意図して選んだものだ。何しろサクランボの季節は短く、傷みやすい。静物画や風俗画に描くことのできる時期は限られているが、その色、形、輝きは魅力に満ちている。

知られている最古のサクランボの絵は古代ギリシャ・ローマ時代に見られる。当時は花や食べ物など身近なものが盛んに描かれていた。また、バチカン美術館にはかなり珍しい食物の絵が収蔵されている。それは、サクランボやその種、ほかにもいろいろな食べ物の残飯が描かれた床モザイク

ヴィンテージもののバレンタインカード「サクランボの唇」。20世紀初頭。

鳥とサクランボが描かれたポンペイの壁画。1世紀。

のタイルだ。この巧みなだまし絵は「アサロトス・オイコス *asrotos oikos*」、別名「掃除されていない床」と呼ばれている。ローマの富裕層が宴会で供した豪華な食事の跡を芸術作品にすることで、招待客はその家の地位の高さを見せつけられることになった。[2]

79年のヴェスヴィオ火山噴火により地中に埋もれた、イタリアのポンペイにある「果樹園の家」の中庭の壁には、スミミザクラの木を描いた古代ローマの壁画が保存されている。ポンペイ遺跡で発見された壁画に多くみられるのは鳥、特にオウムとサクランボだ。この地域では、「バードチェリー」として知られるサクランボの品種が今も栽培されている。

中世からルネサンス期にかけて、キリスト教の象徴主義は複雑さを増して多くの果物や花に寓意的な意味を持たせるようになり、サクランボは女性らしさ、多産、聖母マリアと関連づけられた。13世紀フランスの寓意的な恋愛指南書『薔薇物語』には、貴族の庭園に植えられた樹木や花のなかにサクラの名前も出てくる。大英図書館所蔵の『薔薇物語』の挿絵写本では、「楽園の庭」の象徴である豊かな緑に囲まれた場

作者不明『楽園の小さな庭』。1410 ～ 1425年頃。テンペラ。木版。壁に囲まれた庭で聖ドロテアはサクランボを摘んでいる。

所で、サクラも含めすべての植物が花と実を同時につけるという奇跡が起こる。[3]

上ライン地方の無名画家が描いた『楽園の小さな庭』と呼ばれる絵画では、聖母マリアが悪や腐敗とは無縁の楽園に腰を下ろして祈りの書を読み、その傍らで幼子イエスがハープに似た楽器を弾いている。聖ドロテアは、たわわに実った木からサクランボを摘み取って籠に入れている。果物と籠は聖ドロテアの象徴だ。彼女が殉教したとき、空っぽだった籠に果物と花が溢れたという。この絵でサクランボ摘みの様子が描かれたのは、聖家族のエジプト逃避行の際、実を摘もうとしたヨセフのためにサクラの木の枝がたわんだという逸話を反映したのかもしれない。そ

（上）フランス・イケンス『天使に付き添われる聖母子』。聖母子は花とサクランボの飾りで囲まれている。1650年頃。油彩。パネル。

（下）『一角獣狩り：狩りの始まり』。1495～1505年頃。タペストリーの中央にはサクラの木々と果実が描かれている。

してサクラの木のねじれた幹は、エデンの園の蛇をイメージしているとも受け取れる。[4]

キリスト教絵画、特に聖家族や聖母子の図像に描かれたサクランボの意味や象徴については、「キリストの血」または「楽園の果実」などさまざまな解釈がなされてきた。いずれにせよ、サクランボの甘く赤い実は善行を積み重ねた者の慈愛、あるいは祝福を受けた者の喜びを表している。

『楽園の小さな庭』と同じく緑豊かで幻想的な場面を描いた『一角獣狩り』は、1500年頃に織られた7枚連作の大きなタペストリーだ。一角獣の動きや絵柄は中世の鹿狩りがモデルになっている。この連作は恋人たちの物語やキリストの生と死のメタファー、死後の世界における魂の旅についての瞑想などを象徴的に描いたとされる。1枚目のタペストリーで目を引くサクラの木は純粋と無垢の象徴であると同時に、あらゆる果実に共通の「多産」という意味合いもある。

当時のウォールタペストリーの多くには果物と花の縁飾りが施されていた。このモチーフの由来は、ローマ時代に埋葬の儀式の一環として、死者を納めた石棺の上に果物と花が描かれた布や花冠を置いたことだ。16世紀のフランドル地方では、花環作品は特定のジャンルとなり、豊かさを表現するためにサクランボなどの果物と併せて描かれることが多かった。現実にはすべての果物が同時に熟すことはなく、これは創作の世界ならではの光景だ。

ヒエロニムス・ボスが1490年から1510年のあいだのいずれかの時期に描いた、神秘的な魅力を放つ『快楽の園』ではサクランボが重要なモチーフとなっている。この三連祭壇画の中央パネルは天国でも地獄でもなく、その意味を解釈するのが難しい作品だ。サクランボをまとったふたりの踊る人物を覆う卵の上にフクロウが乗っている光景は興味深い。また、パネル前景の右端で倒

ヒエロニムス・ボス『快楽の園』。1490～1510年頃。油彩。パネル。中央のパネルにはサクランボをまとって浮かれ騒ぐ人々が細かく描きこまれている。

れている人物の足に鳥が止まり、サクランボが差し出されているのも印象的だ。この絵の抽象的な描写は当時の知識層には容易に理解できたかもしれないが、今日ではボスの象徴主義の解釈は大きく分かれており、この絵が実際に何を意味しているのかについても一致した見解はない。美術史家のピーター・グラムの意見はこうだ。「絵全体を見ると、4人の女性の頭上にサクランボに似た実が描かれている。『大領主とサクランボを食べてはいけない。顔に種を吹きつけられるのが関の山だ』という当時のことわざから推察すると、これは誇りを象徴しているのではないか」。[5] 別の美術史家マイケル・ベイヤーの意見は、「官能的な裸体は自然と平和という人間の原点を描いたものとも、

ヤン・ファン・エイク『アルノルフィーニ夫妻像』。1434年。油彩。パネル。男性の後ろの窓からかろうじてサクランボの木が見えるので、この絵の季節が夏だとわかる。

レオナルド・ダ・ヴィンチ派『聖母とさくらんぼの枝を持つイエス』。1765年。油彩。キャンバス。

罪をそそのかす悪魔が手段として用いる美と魅力を描いたものと解釈できる」[6]。また、アメリカの作家ピーター・S・ビーグルは「このエロティックな乱痴気騒ぎを見ると、まるで覗き見をしているかのような錯覚に陥る。果てしなく開放的な雰囲気に満ちた世界」だと評した。[7]

1434年にヤン・ファン・エイクが描いた『アルノルフィーニ夫妻像』に代表されるように、サクランボは多産と甘やかな愛の象徴と考えられていた。左上の窓から実をつけたサクラの木がかろうじて見え、この絵の季節が夏だということがわかる。だが、不思議なことに夫妻は毛皮で縁取られたぶ厚い冬の衣服に身を包んでおり、その理由はいまだにわかっていない。

ファン・エイクは宗教色のない身近な設定でサクラの木を描いたが、多くの芸術家はこの果実にキリスト教的な意味をもたせてきた。キリスト教の象徴としてのサクランボ、すなわち人

アンドレア・デル・ヴェロッキオ工房『聖母子像』1470年頃。テンペラ。木版。サクランボはキリストの血を象徴している。

生で善行を積んだ者に対する天からの褒美である楽園の果実は、誘惑に負けて罪を犯す以前のエデンの園の住人が持つ純粋さと無垢を象徴しているとも考えられる。聖母子や聖家族を描いた多くの絵画で、サクランボは幼子イエスの手の中や背景に描かれていた。その良い例が1470年頃にヴェロッキオ工房で描かれ、現在ニューヨークのメトロポリタン美術館に収蔵されている『聖母子像』だ。

また、数ある聖母子像のうち最も有名な作品のひとつにティツィアーノが1515年に描いた『さくらんぼの聖母』がある。左側の陰の中には聖ヨセフ、右側には洗礼者ヨハネの父である聖ザカリアが描かれ、幼

ティツィアーノ『さくらんぼの聖母』。1515年頃。油彩。キャンバス。

アブラハム・ブリューゲル（1631 ～ 1697年）『静物画』。油彩。キャンバス。花と果物のなかにサクランボも見える。

いヨハネが聖母マリアとイエスにサクランボを差し出している。

サクランボを持つ聖母子とオウムの絵画は、16世紀フランドルの別の画家——あるいはアトリエ「マスター・オブ・ザ・パロット（オウムの巨匠）」に属していた複数の画家という説もある——によって複数制作された。普通の鳥とは違って人間の言葉を上手く真似るオウムはキリストの奇跡の始まり、つまり処女受胎のメタファーであり、多くの聖母子像に登場する。遥か昔、古代ローマの壁画の時代から、サクランボと鳥は芸術家に好まれた象徴的な組み合わせだった。

西欧では象徴的なキリスト教絵画から静物画というジャンルが派生し、中世からルネサンス期にかけて複雑な視覚言語へと発展していく。宗教画の中の写実的な細部が静物画の背景描写に取り入れられ、やがてそれが絵画の主題となって宗教色は徐々に薄まっていった。16世紀初頭の画家ヨース・ファン・クレーフェは、日常的な設定で聖母マリアを描くという当時の傾向を反映した聖家族像を数点描いている。メトロポリタン美術館の研究員によると、現実に近い設定で前景の目立つ場所に果物が描かれている場合、その絵はキリストの受肉［神の子キリストがイエスという人の形をとってこの地上に生まれたこと］と犠牲を表現しているということだ。[8]

サクランボを含め、果物は多くのジャンルの絵画で市場や台所に登場し、宗教的あるいは世俗的な象徴として多種多様な立場の人々の目を楽しませ、ときには本物と見紛う熟達した筆致で見る者を驚かせる。17世紀になると、特にオランダで静物画への関心が一気に高まった。オランダの商船は新しい植物や貴重な磁器をはじめ、稀少な貿易品を極東や東インド貿易の中心地から持ち帰った。この時期勢力を持ち始めた裕福な商人は、美術品の制作を依頼したり熱心に収集したりするようになる。そのなかには異国情緒あふれる植物や四季折々の花の絵画、さらにはその花々を現実には存在し得ないひとつの花束にして描いたものもあった。得意客の依頼で制作された静物画の価格は作品の大きさと描きこまれた細部の数や種類によって決定される。サクランボは美しく鮮やかな赤と表面の艶やかさが好まれ、頻繁に描かれていた。[9]

また、オランダではカメラ・オブスクラ［光を遮断した部屋の壁や大きな箱に小さな穴をあけ、光を取りこむことで外の光景が倒立して内壁に映し出される装置］、望遠鏡、顕微鏡などの新しい光学機器が積極的に取り入れられ、それが科学的な観察やその説明図の新たな需要を生み出し、高い評価を得るようになった。肥料やかんがいシステムの利用など農業・園芸技術の革新も進み、結果として農産物の収穫が増えたことで絵画に描かれる市場や台所の風景も変化していく。

　オランダのプロテスタント信者は自宅（または教会）に宗教絵画を飾ることに興味を示さなかったが、著名なオランダ人画家たちは旧約聖書『コヘレトの言葉』に出てくる「この上ない虚しさ」、ラテン語でいうヴァニタス（vanitas）という概念を作品のテーマに取り上げるようになる。万物の無常と死の普遍性は、当時の裕福なブルジョワ階級に属していたプロテスタントの神学者を最も悩ませたテーマだ。収穫時期が短く日持ちしないサクランボは当時も、そして現在も豪奢な食文化を体現している。財力の象徴として描かれた豊穣な果実や食物は誇りを呼び起こすと同時に、必要以上に贅沢な食文化という罪への警告でもあった。

　静物画のカテゴリーのひとつ、朝食画は典型的なオランダの質素な食事を描いたものだ。食卓の料理は暗い背景の中、単色で描かれることが多い。ヴァニタス画と同様、朝食画にはすべてにおいて節制が大事だと伝える意図があり、その手段として贅沢品であるサクランボが描かれることもあった。

　16～17世紀の画家カラヴァッジオは、上流階級の女性や子供の美しい肖像画を描いた同時代の画家とは違って細部に果物を頻繁に取り入れ、特に「食べる前に手を洗ったりしない」庶民の日常を描いたことで知られている。[10]『トカゲに噛まれた少年』では、少年は魅惑的なサクランボに手を伸ばしている。美術評論家のジョナサン・ジョーンズは、「このサクランボもカラヴァッジオが描く他の果物も、食欲よりむしろ性欲を刺激する」と解説した。[11]傷んだ果物の山に入りこんでいた小さなトカゲに気づかずに指を噛まれた少年は、痛みと驚きでのけぞっている。暗色と明色のコントラ

カラヴァッジオ『トカゲに嚙まれた少年』。1593年頃。油彩。キャンバス。

ストを強調した典型的なカラヴァッジオの筆致が際立つこの作品では、赤の濃淡で描かれたサクランボなどの果物や花が詳細に、そして写実的に表現されている。ジョーンズの解説は続く。

この絵に込められた複雑で性的な含みは、カラヴァッジオの時代の知識層には明白だっただろう。少年のむき出しの肩と耳の後ろの薔薇は過剰な虚栄心や「見られたい、賞賛されたい」という願望を、サクランボは性欲を表している。薬指は17世紀も現在も同じく「愛」を象徴し、トカゲはペニスの比喩であった。少年は衝撃とともに性愛の痛みを自覚する。[12]

この一風変わった作品の果実は善を、トカゲは悪を表し、ふたつの力はせめぎ合っている。1635年には、レンブラントがオランダのカルヴァン派の得意客のためにギリシャ神話の『ガニュメデスの略奪』を描いた。この作品は『トカゲに噛まれた少年』よりも陰うつで恐ろしげだ。サクランボの房を握るふっくらとした赤ん坊の天使を黒いワシが荒々しく連れ去り、赤ん坊は怯えて失禁している。古代のギリシャ詩人ホメーロスが地上で最も美しい人間と称えたガニュメデスは、レンブラントの絵ではワシに姿を変えたゼウスに連れ去られ、オリンポス山の神々を給仕することになる。レンブラントはガニュメデスを幼子として描いたが、通常は美しい青年であることが多い。この神話はギリシャの社会的慣習であった少年愛、つまり成人した男と思春期の少年との間に認められていた官能的な関係を示唆している。

美術史家のマルガリータ・ラッセルは、レンブラントの時代にはサクランボの房は純潔の象徴と

レンブラント『ガニュメデスの略奪』。1635年。油彩。キャンバス。怯えて泣く子供はサクランボの房を握りしめている。

クリスティーナ・ロバートソン『オウムと子供たち』。1850年。油彩。キャンバス。19世紀には、裕福な家庭の子供や家族の肖像画に鳥とサクランボを描き入れるのが一般的だった。

して認識されていたと推察する。「レンブラントはサクランボをモチーフにした作品を複数目にしていたに違いない。かつてオランダで保管されていたティツィアーノの『さくらんぼの聖母』の原画か複製のことも知っていたはずだ[13]」

ほかの画家が描くガニュメデスは、オリンポスの神々に不死の酒ネクタルの杯を差し出している。レンブラントはその杯の代わりにサクランボを描いたのだろう。この異教のテーマをキリスト教的に解釈するなら、美しい幼子ガニュメデスは神への贈り物として差し出された人間の純粋な魂を表している。死によって子供を奪われた遺族は、この絵を見て「わが子は今、神とともにある」と慰められたのではないだろうか。

オウムやエキゾチックな鳥に子供がサクランボを与える数々の絵画はレンブラントのワシほど恐ろしくなく、「マスター・オブ・ザ・パロット」を彷彿《ほうふつ》とさせる。当時、裕福な家庭ではオウムなどの鳥がペットとして飼われていた。貿易が盛んになり新しい世界が開けていた時代、贅沢や異国情緒を体現する鳥は魂の象徴とも見なされており、子供の無邪気さを表現するモチーフとして繰り返し用いられていた。

スコットランド出身の画家クリスティーナ・ロバートソン（1796～1854年）はロシアに滞在して宮廷画家となり、多くの肖像画を手がけた。彼女が描く子供はいずれも優しげで善良だ。現在エルミタージュ美術館に収蔵されている『オウムと子供たち』という肖像画では、サクランボが子供たちの無邪気さを表している。子供とともに描かれる場合、サクランボは籠に入っていることも多い。

フランスの画家フランソワ・ブーシェによる『サクランボを摘む人のいる風景』は多くの批判を浴びながらも得意客には評判のよかった作品で、田舎の純朴な光景にエロティシズムが透けてみえる。この絵の少年と少女はサクランボ摘みには似つかわしくないお洒落な服装をしており、ふたりにとってこれは労働というより楽しい遊びであることがわかる。

17世紀フランドルの画家ヤーコプ・ヨルダーンスの『オウムにサクランボを与える女と髭の男』の女性は男の「囲われ者」か、それとも高級女官なのだろうか。いずれにせよ、上品なドレスに身を包んだ若く美しい女性は魅力的なオウムと同じく「籠の鳥」なのかもしれない。サクランボもペッ

ヤーコブ・ヨルダーンス『オウムにサクランボを与える女と髭の男』。1637～1640年頃。油彩。キャンバス。

トのオウムも性的な象徴であることは、当時この絵を見た人々には明らかだっただろう。

ローレンス・アルマ＝タデマ卿など19世紀ヨーロッパの画家は、作品の中に暗号めいた描写を多用していた。アルマ＝タデマの作品『さくらんぼ』で女主人が差し出したこの果実は示唆に富んでおり、単なる装飾として描いたものでないことは明白だ。この作品はアントワープの私設社交クラブ「セルクル・アーティスティック（Cercle Artistique）」の依頼で制作された。このクラブが設立されたのは芸術と科学の振興と、芸術家やその愛好家が交流できる快適な場の提供のためだ。現在、この絵は次のように解説されている。

大胆で自由な技法と構図――サクランボを手に、見る者を誘惑するように見つめる魅力的な女性は紛れもなく性的な誘いをほのめかしている。スケッチ風描法で描かれたこのエロティックな作品は、会場を訪れた眼識の高い美術愛好家を満足させるに違いない。[14]

女性とサクランボを描いた多くの絵画ではサクランボは装飾として機能し、見た目の華やかさを演出するとともに、女性を甘美で好ましい、だがいつでも替えの利く存在として捉える画家の意図を強調している（「女性とケール」という組み合わせをあまり見かけないことからも推して知るべしだ）。たとえば1659年の格言では、見た目を気にして過剰に白粉を塗ったり唇を赤くしたりする女性の危うさや悪影響をこう警告している。「女もサクランボも、見た目の良さで害を被る」[15]。

これより数百年前、日本の宮廷作家であった清少納言は1002年に完成したとされる『枕草子』

ローレンス・アルマ＝タデマ『さくらんぼ』。1873年。油彩。キャンバス。

で「絵にかきおとりするもの（絵に描くと見劣りがするもの）」として「なでしこ。菖蒲。桜。物語にめでたしといひたる男、女のかたち（物語の中では素晴らしいと言われている男、女の容貌）」を挙げた。[16]

現代女性は、サクランボが持つ複雑で矛盾した比喩的なイメージを自分流に解釈して受け入れているようだ。アメリカの女優ハル・ベリーはこう語っている。「私がパイだとしたら、男はその上に載ってるサクランボ。でも、パイはそれだけで美味しいのよ。たとえサクランボがなくてもね[17]」。リアリティ番組のスターでポップ・カルチャーのアイコンでもあるキム・カーダシアンは、２０１７年10月に発売された『ＶＯＧＵＥ』誌の撮影でサクランボをエロティックに舐める姿を披露した。

エドゥアール・マネの有名な衝撃作『草上の昼食』（１８６３年）は、裸体の女性よりも左

エドゥアール・マネ『草上の昼食』。1863年。油彩。キャンバス。

下の緻密な静物が性的な雰囲気を醸し出している。19世紀末のパリでは、あちこちの公園で売春が行われていた。服を着た男性と裸体の女性が描かれたこの作品は、左下の籠が倒れてサクランボやほかの果物が散乱し、空の酒瓶が転がる様子が何とも官能的だ。

静物画は、印象派とポスト印象派の歴史において小さいながらも重要な役割を果たしている。両派に属する大半の画家は、その美しい形、豊かな赤い色、そして表面のつやつやした輝きに惹かれてサクランボを描いた。ルノワールの肖像画『白い帽子の少女』では、サクランボの鮮やかな赤は少女の紅潮した頬に呼応し、少女の若々しさと無邪気さを際立たせている。

ポスト印象派のポール・セザンヌは緻密に計算して筆を進めるタイプの画家で、静物画、特に果物をテーマにした作品を好んだが、それぞれの果物やその他の静物の配置を決めるまでかなりの時間を費やした。『さくらんぼと桃のある静物』は完成まで2年以上かかっている（1885年から1887年まで）。セザンヌが画題とした果物や花は作品の完成を待たずに傷んだり枯れたりすることもあり、そんなときには紙製の造花や作り物の果物に取り替えていたようだ。きっと、サクランボも何度も取り替えられたに違いない。[18]

20世紀に創始されたキュビスム「様々な視点から見た面を1つのキャンバスに収める様式」はサクランボを描くのに適したスタイルでは

ポール・セザンヌ『さくらんぼと桃のある静物』。1885 ～ 1887年。油彩。キャンバス。

ないと思うかもしれないが、パブロ・ピカソはサクランボの単純化された丸い形と明るい赤を気に入り、多くの静物画に取り入れていた。また、サクランボは彼の私生活のロマンスにおいても重要な役割を担っていたようだ。フランソワーズ・ジローは「ピカソ後の人生 *Life after Picasso*」と題した記事の中で、友人とパリのレストラン「ル・カタラン」で食事をしていたとき、ピカソが彼女のテーブルにボウルいっぱいのサクランボを運ばせたという有名な出会いについて語っている。この贈り物は、ふたりの波乱万丈な関係の始まりだった。当時ジローは21歳、ピカソ61歳。彼女は後にピカソの元を去り、彼に反旗を翻した数少ない人物のひとりとなる。

サルバドール・ダリに代表される20世紀のシュルレアリスムの画家は、複雑で個人的な意味を持つ表現やモチーフを用いていた。ダリは多くの作品でサクランボを描いており、『ピアノの上に出現したレーニンの6つの幻影』では、椅子の上にいくつかのサクランボを描いた理由について詳しく説明している。このサクランボは彼が子供の頃にドアに描いた絵がもとになっているそうだ。彼はその絵に本物のサクランボの柄を貼りつけ、今日で言うところのミクストメディア［性質や種類の異なる複数の素材を用いる技法］のモンタージュを編み出した。ダリの作品には、本人しか理解できない暗号や意味がしばしば含まれている。

20世紀半ばになると非具象絵画と呼ばれる、いわゆる創造的な抽象絵画を推し進める運動が高まり、サクランボという画題は魅力を失っていった。ただし、ドイツ人画家ハンス・ホフマンの『小さなサクランボ』は例外と言えるかもしれない。赤褐色の物体の周囲に絵の具の染みが散っている少々不気味な作品で、性的な解釈ができなくもない。

エイミー・ヤズマリ『跳ねるサクランボ』。2018年。アクリル。キャンバス。ヤズマリは現代の抽象画アーティストで、サクランボのエネルギーと象徴性に触発されてこの作品を描いた。

クレス・オルデンバーグ『スプーンの橋とさくらんぼ』。ミネアポリス彫刻公園に設置。

一方、アンディ・ウォーホルやクレス・オルデンバーグなどのポップ・アーティストにとって、サクランボは即効薬のようなものだった。あの世界的に有名なキャンベルのスープ缶すら及ばない認知度を誇るサクランボの色と形には、画題として強い魅力がある『キャンベルのスープ缶』はアンディ・ウォーホルの代表作のひとつ」。1955年、ウォーホルは誰からも愛されるサクランボをシルクスクリーンという技法で大量に制作し、I・ミラー社の靴の広告デザインを手がけて成功させ、「靴の男」と呼ばれるようになった。[19]

ポップアートからポップ・カルチャー全体にいたるまで、サクランボは今もなお鮮烈なモチーフであり、現代のきわどいセクシーさから子供時代の無邪気な思い出への郷愁まで、さまざまな意味を含んでいる。ファッション業界でもサクランボやサクラの花のデザインは人気があり、高級ハンドバッグや靴にも取り入れられ、サクランボの形のボタンがついた子供服もある。この可愛い子供服は、ミズーリ州セントルイスの「ウーマンズ・エクスチェンジ」という団体によって50年以上毎年限定販売されてきた。収益は、今ではトレードマークとなったこの服を作っている才能ある職人たちに正当な報酬として還元されるだけでなく、この地域の難民や移民の訓練プログラムの支援にも充てられている。この服を着た幼いジョン・F・ケネディ・ジュニアの写真が世間に出たことで一躍有名になったが、最近でもグウィネス・パルト

サクランボをあしらったグッチのレザーパンプス。2018年発売。

ロウなどのセレブがわが子に購入しており、伝統は受け継がれている。[20]

サクランボは子供の遊びにも欠かせない。各地のサクランボ祭りで子供たちが最も楽しみにしているイベントのひとつは種飛ばし大会だ。また、「ハイホー！　チェリーオー」は１９６０年に誕生した子供向けのボードゲームで、自分の木から10個のサクランボを摘み取ったら勝ちという遊びだ。これは今でも人気があり、玩具店で販売されている。さくら人形［フランス人形の製作技法を使った日本人形］からマイリトルポニー［アメリカの大手玩具メーカー、ハズブロが展開している玩具］の限定品チェリージュビリーまで、特に女児向けの多くの玩具にサクラやサクランボが使われている。

大人の遊びにもサクランボは登場する。特に有名なのはギャンブルのスロットマシンで、現代のデジタルゲームやバーチャルゲームにすら、この昔ながらの勝利のシンボルが使われている。20世紀初頭の初期のスロットマシンにはダイヤ、スペード、ハート、蹄鉄、自由の鐘の５つのシンボルがあり、やがてアメリカ中の酒場や理髪店に設置されるようになった。ほぼ同時期の１９１０年にギャンブル禁止法が施行されると新しい型が開発される。タバコや菓子、フレーバーガムなどが当たる機械という触れこみで、ギャンブルだという指摘を回避した。この新しい型が導入された際、以前のトランプのシンボルはサクランボ、オレンジ、スモモ、レモンなど、景品であるガムのフレーバーを表すシンボルに変更された。このためスロットマシンは、特に１９５０年代から１９６０年代に人気を博したイギリスでは「フルーツマシン」または「フルーティ」とも呼ばれる。ウェブサイト「casino.org」に寄稿しているデイヴィッド・チェルドンは、果物のシンボルに対する人々の郷愁についてこう解説している。

ヴィンテージもののフェノール樹脂のアクセサリー。1920年代。

誰だろうと、3つ並ぶメロンやサクランボを見ると心の中で何かが触発されるはずだ。子供の頃の懐かしい思い出が蘇ったり、現代のせちがらい世の中に欠けている楽しさを実感したり、ギャンブルは本来楽しいものだという思いを新たにしたり——とにかく、「フルーツマシン」は人々を惹きつけるようにできているのだ。[21]

カジノを含むゲームを運営する最大手ゲーム会社のなかには、サクランボとギャンブルという伝統的な組み合わせにあやかって「チェリー」という名をつけた会社がある。1963年にスウェーデンで設立されたこのチェリー・カジノ社は現在グループ経営を行い、オンラインやバーチャル体験を含むさまざまなゲーム企業への投資、運営を行っている。

20世紀初頭にジップ社から発売された、コマドリがサクランボのジュースを飲んでいるロゴで有名な「チェリオー」のブリキのトレイやチェリオーシロップディスペンサーは、収集家にとっては数千ドルを支払う価値のある製品だ。チェリーコークからチェリーを載せたアイスクリームサンデーまで、人は子供の頃の味や体験を懐かしんでサクランボやサクランボ味の食べ物を求めるのだ。さらに、サクランボ関連の記念品は大きなビジネスになる。たとえば、ジップ社が1910年に発売した、上部がポンプ式のチェリオーシロップディスペンサーのヴィンテージ品には2000ドル（約21万円）の値がついている。サクランボの種取り器のヴィンテージ品は300ドル（約3万2000円）だ。

　サクランボはテレビ番組でも重要な役割を果たしている。大ヒット番組『ツイン・ピークス』で、オードリー・ホーン（シェリリン・フェン）が真っ赤な唇にサクランボをくわえるシーンは大きな話題になった。

> 果肉を食べ、舌で柄を結ぶオードリーは、これまでアーティスト（特に男性の）がサクランボについて抱いていたイメージをすべて体現していた。彼女はあからさまにセクシーであると同時に無邪気で純粋だった（だからこそ、悪名高い娼館「片目のジャック」に入る機は熟していたのである）。果実はそもそも性的な存在だ。定義によれば子房、つまり被子植物の卵巣が成熟したものが果実なのだから。[22]

春に咲くサクラの花の美しさや果実の濃厚な味の記憶は、エミリー・ディキンソン、ロバート・ルイス・スティーブンソン、W・B・イェイツ、アルフレッド・テニスン卿、A・E・ハウスマンなど、多くの詩人にインスピレーションを与え、作品の中に登場してきた。

アルメール・サバティエは著書『シェイクスピアと視覚文化 *Shakespeare and Visual Culture*』の中で、「スペンサーの『祝婚歌』（1594年）などルネサンス期の愛の詩では、サクランボの鮮やかな色は赤の濃淡を正確に表現するために、また、女性の赤い唇を称える比喩として日常的に使用されていた」と指摘している。[23] シェイクスピアもサクランボについて、またはそこから派生するさまざまなイメージについて書いており、その中にはスペンサーと同じく赤という色や唇の描写もある。たとえば『真夏の夜の夢』の一節。「なんとふくよかなその唇／口づけし合うふたつのさくらんぼが／摘み取れと言わんばかりに誘いかける」。別の場面では、ふたつのサクランボが親密な関係の比喩として用いられている。「私たちは幼馴染／まるで双子のサクランボのように、体はふたつに見えても／本当はつながっている[24]」

ライターのアマンダ・アーノルドは「禁断の果実：サクランボはなぜセクシーなのか」という記事で、サクランボに性的なイメージを重ね合わせた初期の最も有名な文章の一例として、イギリスの詩人トマス・キャンピオンの『彼女の顔には庭園がある *There Is a Garden in Her Face*』（1617年）を挙げている。キャンピオンは、当時のサクランボ売りの「よく熟れたサクランボはいかが！」という売り声にヒントを得てこの詩を書いた。

彼女の顔には庭園がある（中略）
誰もサクランボを買うことはできない
サクランボ自らが「熟れた」と呼び声を立てるまでは

この詩でキャンピオンは、自分が触れることの叶わない純粋で無垢な少女をサクランボにたとえている。[25]

イギリスの料理作家ジェイン・グリグソンは著書『果物百科 *Fruit Book*』で、手に入れることのできない少女たちを詩に書いた17世紀の詩人で神父でもあったロバート・ヘリックについて触れている。なかでもヘリックが愛した「とっておき」は、サクランボの季節の少女、ジュリアだった。彼はジュリアとサクランボを食べ、小さな穴に種を投げ入れる、田舎版輪投げのような遊びに興じた日のことを書いている。[26]

チャールズ・コットンの『エロトポリス：ベティランドの現在 *Erotopolis: The Present State of Bettyland*』（１６８４年）は17〜18世紀のイギリスで発表された初期の官能小説で、こうした「女の体を、男が探検し耕す大地として描く」小説はアメリカのメリーランド（Maryland）をもじって Merryland というジャンルで呼ばれていた。[27] コットンはこの作品で、娼婦の陰部をブラックチェリーにたとえた。女は年老いた男にその部分をゆっくりと見せる。

まるで美しい庭に茂る艶やかな草のようだ。ほかの土地で見るような緑色ではなく、黒いシダを思わせる。いや、むしろざるにあげたブラックチェリーのような土地が、茶褐色のフェンネルで覆われていると言うべきか。[28]

ジョバンニ・デ・プレディス『さくらんぼを持つ少女』。1491～1495年頃。油彩。パネル。

作家ゴードン・ウィリアムズは、『シェイクスピアとスチュアート朝文学における性的言語とイメージの辞典 *A Dictionary of Sexual Language and Imagery in Shakespearean and Stuart Literature*』の中でサクランボの文化的影響を16世紀から17世紀までさかのぼって考察し、ヨーロッパ人が肉欲の罪について語る際にサクランボを用いた注目すべき例をいくつか紹介している。[29] 詩人ジョシュア・シルベスターとロバート・ヘリックは、複数の作品の中で乳首を表す *niplets* や *teates* を *cherrielets* という語に置き換えていた。また、ジョン・ガーフィールドは扇情的な短編『さまよう娼婦 *No.2 Wandering Whore ii*』（1660年）で、セックスを「サクランボの乳房で遊ぶ」と表現した。[30]

『グリーンのスラング英語辞典 *Green's Dictionary of Slang*』の著者ジョナサン・グリーンは、19世紀後半には熟したサクランボは処女性と結びつく——つまり、最終的には失われるものだという概念が一般に浸透していたと述べている。彼によれば、処女喪失をサクランボが「失われる（ｌｏｓｅ）」、あるいは「はじける（popped）」、「破裂する（busted）」と表現するようになったのは１９００年代初頭だという。当時、少女がサクランボを摘んだり籠に入れたりする姿は、絵画や挿絵などで頻繁に描かれていた。[31]

１９０３年に書かれたアントン・チェーホフの有名な戯曲『桜の園』では、果樹園はそれまでとはまったく異なる役割を果たしている。ここでは果樹園は過去の遺物、美しい芸術品、無駄ですらある贅沢品として描かれていて、実用的な機能も価値もなく、ただ過去を思い出すための場所として存在するだけだ。

D・H・ローレンスは小説『息子と恋人』で、果樹園での楽しげで官能的なサクランボ摘みの場面を書いた。

農場のサクランボの木はたわわに実っていた。家の裏手の、とても高く大きい木で、黒々とした葉の下には緋色と深紅の雫が今にもこぼれんばかりに生っている。(中略)青年はすべすべした冷たい実をひとつかみずつちぎり取っていった。彼が体を乗り出すとサクランボの冷たい指先が耳や首に触れ、体中の血をぞくぞくとさせる。金色と朱色が混じった色から豊かな真紅まで、あらゆる色の赤い実が葉陰の下で輝き、彼を見つめていた。

同じくローレンスの「さくらんぼ泥棒」という詩にも、こんな官能的な一節がある。

干し草の山を背にして、少女が僕に笑いかける
耳元に垂れ下がるのはさくらんぼ
真紅の実が僕に差し出された。果たして彼女は
その目に涙を湛《たた》えているだろうか

前衛作家ガートルード・スタインの悪名高い名言「薔薇は薔薇であり、薔薇であり、薔薇である」ほど有名ではないが、彼女が1928年に制作したオペラ『花束：ふたりの遺言 *A Bouquet: Their Wills*』には「サクランボではなくてサクランボ、でもサクランボではない、サクランボではない、

サクランボではない、サクランボではない、それはイチゴ」という謎めいた表現がある。この「サクランボではない」はスタインのベトナム人シェフ、トラクとの会話から生まれたものだ。

甘く香ばしい料理を作るトラクの口から発せられる言葉は、まさにスタインの文体を思わせる。「彼はイチゴと言いたいとき『サクランボではない』と言い、パイナップルのことは『ナシじゃなくてナシ』と表現する」。否定を用いたトラク独特の言葉は、スタインの散文にそのまま紛れこんだ。[32]

伝承

アメリカの親は、しばしばジョージ・ワシントンのある逸話を通してわが子に正直であることの美徳を教える。この話はワシントンの初期の伝記作家メイソン・ロック・ウィームズの創作で、1809年に出版された『ワシントン伝 *The Life of Washington*』第5版に書かれている。ウィームズが若者に道徳的行いを説こうと意図したこの物語では、幼いワシントンが桜の木を切り倒してしまう。父親に「おまえがやったのか」と尋ねられ、彼は「嘘をつくことはできません。僕が自分の手斧でやりました」と答えるのだ。この物語は創作ではあるもののアメリカの伝承としては貴重であり、リージョナリズム［地方に真の人生の価値を見出そうとする思想］の画家グラント・ウッドが1939年に絵に描くなど、ワシントンを偲ぶ上で非常に大きな存在になっている。ワシントンの

グラント・ウッド『ウィームズ牧師の寓話』。1939年。油彩。キャンバス。

誕生日の2月22日にはあちこちでサクランボと手斧の絵が飾られ、マウントバーノンにあるワシントン私邸の売店ではサクランボのキャンディとおもちゃの手斧が販売される。

遥か昔から、子供向けの多くの物語にはサクランボやサクランボが登場してきた。シシリー・メアリー・バーカーの『花の妖精たち（木）』［白石かずこ訳。ほるぷ出版］は1923年の発売以来、花の妖精の美しいイラストで若い読者を魅了している。各イラストには花や果物の魔法を説明する魅力的な詩が添えられ、野生のサクラの妖精やサクランボの生る木の妖精も描かれている。

グリム童話「カエルの花嫁」は王の3人の息子がひとりの美しい乙女に恋をする物語で、複数の違うあらすじがある。乙女はサクランボが何よりも大好きで、他のものは何も食べないため「サクランボ」と呼ばれるようになった。サクランボは悪い妖精によってカエルに変えられてしまうが、最終的にはひとりの王子と再会して結ばれる。

サクランボをテーマにした比較的新しい児童書にはベラ・B・ウィリアムズの『サクランボとそのたね *Cherry and Cherries Pits*』（1986年）やアリス・チャンドラーの『ジェーンおばさんと消えたチェリーパイ *Aunt Jane and the Missing Cherry Pie*』（2017年）などがある。エリック・カールの『はらぺこあおむし』［もりひさし訳。偕成社］は、1969年からずっとチェリーパイを食べ続けている。

サクランボは種が果肉に包まれていることから子宮の象徴と見なされることもある。また、種は昔から占いの道具として用いられてきた。昔から伝わるものに「もうすぐ、来年、そのうち、結婚しない」と繰り返しながらサクランボの種を数え、結婚する時期を占うやり方がある。

別の民間伝承では、夏至祭の日にサクランボの生る木の周りを時計回りに3周し、次のように唱えながら木を強く揺すると残りの寿命を知ることができるという。

サクランボの木よ、汝を揺さぶろう
サクランボの木、さあ教えておくれ
私はこれから何年生きるだろう
木から落ちた実の数が　汝の答え

最後の「汝の答え」という言葉で木から離れ、地面に落ちたサクランボの数を数える。それがこれからの寿命というわけだ。[33]

イギリスの童謡には、これからの寿命をカッコウで占うというものもある。

カッコウ、サクランボの木
いい子だから教えておくれ
これからどれだけ生きるのか

こう唱えた後にカッコウが鳴いた数が占いの答えだ。

未来を占うタロットカードでは、世界の支配者であるペンタクルのキングのカードには満開の桜の木と白い山、堂々とした城が描かれている。桜の木は豊かな自然と経済的な裕福と繁栄を表し、資産が増えて花開くという意味になる。[34]

「魔法を学び、その魅力を再発見する」ことに特化したウェブサイト「*Elune Blue*」によると、サ

サクランボの妖精の絵葉書。ドイツ。20世紀初頭。

クランボは愛の女神ヴィーナスと関係が深い。また、漢方薬の理論では食べ物は熱・温と涼・寒の性質に分類される。サクランボは温性の特徴を持ち、女性らしさと優しさの象徴と考えられている。「サクランボは水と空気を連想させ、感情、精神性、心的訓練と結びついている」。また、「豊かな深紅色であるサクランボの果汁も、儀式や魔法を行う際に血の代わりに使われていた」として、具体的にブラックチェリーは超能力を強化し、予言の精度を上げると説明している。サクランボのエネルギーはひとつの柄に実がふたつ生るという独特の特徴に由来しており、長寿と不老不死という切なる願いを成就させるためには必要不可欠だ。[35]

サクランボは多くの国の民間伝承において突出した存在だ。古代中国の伝承にはモモの木の生る庭がよく出てくるが、西王母《せいおうぼ》の庭に不死のサクランボがたわわに実るという伝承も存在する。「仙女である西王母のイメージから、中国ではサクランボが女性らしさと美の象徴と考えられているのだろう[36]」

デンマークとスイスの民間伝承では、初めての出産から間もない女性が最初に熟した果実を食べると、その年のサクランボは豊作になると考えられていた。だが、すべての伝承でサクランボが恵みをもたらすわけではない。ヨーロッパの古い伝承のなかには、森の悪魔がサクラの古い木に隠れており、近づく者に害をもたらすというものもある。キルニスはリトアニアの悪魔で、サクラの木の守護者だ。スコットランド北東部アドヴィーではサクラの木は「魔女の木」であり、切り倒すことはタブーとされていた。

１８７９年に出版されたデ・グベルナティスの『植物の神話学 *La Mythologie des plantes*』によると、

アルバニアでは実を結ばないサクラの木は悪魔や悪霊に取り憑かれていると考えられていた。そのような木の下にうっかり立つと、呪いにより手足が腫れることもある。今でもシチリア島エトナ山周辺に住む農民の間には同じような言い伝えが残っているので、間違っても結実しないサクラの木の下で居眠りをすることはないだろう。聖ヨハネの前夜祭［6月23日またはその前後］は悪魔や悪の力が強まり、特に危険だと考えられていた。運悪く呪いを受けた場合、助かる方法はサクラの木の枝を切って「木から血を流し」、悪の呪文を解くことだった。

セルビア神話では、ヴィラスは妖精とも小妖精とも言われ、キツツキのような声を上げながら野生のサクラの木の周りを踊る。子育てのストレスが溜まっている親への警告として、母親が怒りに任せて「悪魔の所に連れて行くよ」と子供に言うと、ヴィラスが本当に子供を連れ去ってしまうという言い伝えがある。イギリスの政治家で翻訳家でもあったジョン・ボウリング卿がセルビア語から英語に翻訳したセルビアの伝承詩を紹介しよう。

サクランボよ！　愛しいサクランボ！
汝の枝を高く持ち上げ
ヴィラスの下で踊ろう
魔法のロンドを[37]

聖バルバラはニコメディア（現在のトルコ）の裕福な家庭で育った美しい娘で、父ディアスコロスは権力を持つ非キリスト教信者だった。自分が留守の間バルバラを男たちから遠ざけておくため、父は彼女を塔に閉じこめる。幽閉生活のなかでバルバラはキリスト教に改宗するが、父は娘を責め立て、役人たちに彼女を死刑にするよう求めた。バルバラは塔から逃げ出すが、父親に捕まり殺される。娘の息が絶えたまさにその瞬間、父は雷に打たれた。聖バルバラは、小さな塔を手にした姿や塔の近くに立っている姿で描かれる。彼女は牢獄でサクラの枝を水に挿しており、殉教した日にその枝が奇跡的に花をつけたという。[38]

「バルバラの枝（*Barbarazweig*）」は12月4日にサクラの枝を家の中で水に挿すというドイツの風習で、クリスマスの日に花が咲けば吉兆となる。一部の伝承では、この吉兆とは結婚したり子供ができたりすることだ。雷や稲妻、火事から守られたという逸話から聖バルバラは砲兵の守護聖人であり、やがて軍の技術者、鉄砲工、鉱山労働者、そして大砲や爆発物を扱うすべての人を護ると言われるようになった。また、突然の事故など死の危険と隣り合わせの仕事に就く人々も聖バルバラを信仰している。アメリカ陸軍・海軍の砲兵名誉軍人会の名称は、聖バルバラ会だ。

音楽

音楽にはサクランボの瑞々しいイメージを重ね合わせ、いつかは失われる無邪気さ、若さ、美、成熟、喜び、人生そのものを表現したものが多い。そうした最も古い曲のひとつがイギリスのクリスマスの歌『さくらんぼの木のキャロル *Cherry Tree Carol*』だ。この曲は１４００年頃にイングランドの都市コベントリーの聖体祝日祭で上演された奇跡劇［キリストまたは使徒・聖者などの行った奇跡や行為を主題とした宗教劇］の中で歌われた。この曲にはさまざまなバージョンがあるが、基本的にはキリスト降誕など複数の逸話を組み合わせた外典『偽マタイ福音書』がもとになっていると見なされている。宗教学研究者のメアリー・ジョーン・ウィン・レイスは、この歌を中東の十字軍に関連づけている。

5世紀頃（中略）、この物語はクリスマス礼拝の一環として、シリア・キリスト教の対話型聖歌という形で二手に分かれた聖歌隊によって歌われ——片方はヨセフ、もう片方はマリアの役割だ——やがて本格的な劇に発展した。[39]

歌詞には、ヨセフと聖母マリアがサクランボ園を歩く様子が描かれている。マリアがヨセフに美味しいサクランボを摘んでほしいと頼むが、ヨセフはマリアに「子供を授けた者」に頼めばよいと言い放つ。そのとき、まだマリアの胎内にいるキリストが最初の奇跡を起こした。マリアがサクランボを摘むことができるよう、「枝を下げておくれ」とサクラの木に話しかけたのだ。ヨセフは驚き、たちまち自分の行為を恥じ入った。この曲はジョーン・バエズ、ジュディ・コリンズ、ピーター・ポール＆マリーなど多くのミュージシャンによって歌われてきた。

『なぞなぞの歌 *The Riddle Song*』は、もともと『恋人にサクランボをあげた *I Gave My Love a Cherry*』という15世紀の子守唄がもとになっている。多くの伝承歌謡と同じく、作者も発表年もわかっていない。この曲もジョーン・バエズ、サム・クック、バール・アイヴス、ピート・シーガー、カーリー・サイモン、ドク・ワトソンなど多くのアーティストによって録音されている。20世紀になると、この曲には隠されたメッセージがあるという意見が聞かれるようになった。「私は恋人に種のないサクランボをあげた」という歌詞は、女性が処女を失ったことを指しているという解釈だ。また、「骨のないニワトリをあげた」という歌詞の「ニワトリ」は母親の胎内の赤ん坊のことで、これは妊娠を示唆しているとも受け取れる。[40]

万聖節には家々を訪ね、死者の魂に祈りを捧げて歌うという慣習がある。訪問された側は、お礼にサクランボの砂糖漬けなどドライフルーツ入りのソウルケーキ［万聖節の時期に食べられる、中央に十字模様が入った丸いショートブレッドのような菓子］を渡す。この風習は早くも中世のイギリスやアイルランドで見られ、このとき歌われていた『ア・ソーリン A Soalin』という曲（後にピーター・ポール＆マリーが録音している）のリフレイン部分はこんな歌詞だ。

ソウルケーキ、ソウルケーキ、
どうぞお分けください　お優しい奥様、ソウルケーキを
リンゴ、ナシ、スモモ、サクランボ
楽しい気分になれるものなら、何でも大歓迎[41]

1718年に初演されたゲオルク・フリードリヒ・ヘンデル作曲の牧歌劇『エイシスとガラテア』

に、「さくらんぼより頬紅く」というアリアがある。このオペラは宮廷での娯楽として作られたもので、田舎の素朴な生活をテーマにした牧歌劇オペラの最高傑作のひとつだとも言われている。アリアに出てくる「さくらんぼ」は、この悲恋物語のニンフ(ギリシャ神話の女神)、ガラテアの肌の色と甘さを表している。

さくらんぼより頬紅く
木苺より甘い
おお、ニンフよ、その輝きは
月夜よりなお強い[42]

「熟れたさくらんぼ」は、ロバート・ヘリック(1591〜1674年)の詩にチャールズ・エドワード・ホーン(1786〜1849年)が曲をつけたものだ。この歌のリフレインには、こんな一節がある。

熟れたさくらんぼ、さくらんぼはいかが
今が食べごろ
ふっくらときれいなさくらんぼ
さあ、買っとくれ[43]

女優ジュリー・アンドリュースは1982年の映画『ビクター／ビクトリア』で『熟れたさくらんぼ』を披露しているし、1999年のテレビ版『不思議の国のアリス』でもアリスがこの歌を歌う。

サクランボが登場する歌で最も有名なのは作詞ルー・ブラウン、作曲レイ・ヘンダーソンの『人生はボウルいっぱいのサクランボ Life Is Just a Bowl of Cherries』だろう。人生がうまくいかないときにも前向きにいこうというメッセージが込められた曲で、大恐慌の真っ只中にあった1931年に録音された。この曲からは、ボウルいっぱいのサクランボから得られる喜びは一瞬しか続かず、だからこそ大切にしなければならないというメッセージが伝わってくる。[44]

アメリカのロックバンド、トミー・ジェイムス＆ザ・ションデルズは、ジェイムスのキリスト教的信念を表現したベトナム戦争の反戦歌「スウィート・チェリー・ワイン」を1969年に発表した。ジェイムスはインタビューで、このスウィート・チェリー・ワインは「イエスの血のメタファー」だと説明している。[45]

このように文学、伝説、伝承など多くの文化において圧倒的な存在感を放っていることからも、サクランボが大衆に愛され、強い影響力を持つ果実であることに疑いの余地はない。

第6章 サクラの未来

将来ミカンのように大きな種なしサクランボや、お皿ほどのサイズになった8弁のサクラの花はできるだろうか？　その道のプロの研究者や果樹園芸家は、花や実を結ぶサクラの栽培品種の今後に何を求めているのだろう？　実際にサクラに携わる農業の専門家や植物育種家が望んでいるのは、サクランボを栽培する上で生じる問題点を解決する品種の開発だ。

現在、生育期間の長い品種や年に複数回開花する品種の開発が進められている。冬に強い品種や、開花を遅らせて霜の被害を受けない品種であれば生育期間が長くなり、その結果として収穫量の増加につながるのだ。加えて、これまで生育に適さないとされていた特定の微気候［地面近くの気層の気候］向けの品種や、段々畑での栽培に適した品種を開発することでサクラの生育範囲を広げる研究も行われている。

木の熟度を促進して熟期が早まれば、通常よりも早い時期にサクランボを市場に出すことも可能だ。そのため、近年はより早熟な品種や台木の開発が期待されている。現在、世界各地のサクラン

ミシガン州のサクランボ品種の展示。トラヴァースシティの北西ミシガン園芸研究センターにて。

ボの増殖に用いられている台木は、おもにマザードとマハレブの2品種のみだ。

病虫害に強い品種の開発は重要な研究分野だ。生物的防除［病原菌や害虫の天敵となる微生物や昆虫などを用いて病害虫の防除を行う方法］を含む総合的な病害虫管理は、効果的で環境に優しい手法としてますます注目されている。褐色腐敗病対策は、化学農薬を使用する代わりにこの手法を導入して大きな効果を上げてきた。潰瘍病については若芽に病原体を接種し、組織を通して病気の進行度を測定することで、潰瘍病に耐性を持つサクランボの品種や育種系統の特定につながっている。こうした天然の手法が一般的になれば、環境に害を及ぼす可能性の高い化学物質の使用を減少、あるいは排除できるようになるかもしれない。ミシガン州立大学のエイミー・イェツォーニ教授はサクランボ、特に彼女が収集した東欧品種について広範な研究を行ってきた。その結果誕生したのが、新しい栽培品種バラトンだ。１９９８年に開発されたバラトンは、東欧品種の丈夫な遺伝材料を導入している。

冬の低温障害や春の霜、熱による変形など生物的ストレスに対してより高い耐性を持つ品種も開発されつつある。雨による裂果は生産者が防除対策を望む、最も一般的なストレス要因だ。

機械を利用した収穫作業では、木に振動を与えて枝からクッション性のあるネットにサクランボを落とす仕組みが必要になる。サクランボを落とすためにはある程度強い振動が不可欠だが、あまり強すぎると木が傷んでしまうため注意が必要だ。研究者は振動に強い品種の開発を目指している。

新しい栽培品種の開発に加えて、果樹園の管理や収穫技術を向上させ、サクランボの日持ちを改善するための研究も進行中だ。新たな果樹園管理には収穫作業の負担を軽減する方法だけでなく、枝の日照量を増やして果実の発達を促進するＵＦＯなどの仕立て方も含まれる。台木の改良が進んだことでさらに丈夫な矮性樹が開発され、果実の収穫が容易になった。また、ビニールハウスの導入によって生産性を向上させる微気候が作り出され、鳥の侵入も防ぐことができる。輸送や保管方法も改善され、果実の傷みの減少につながった。

研究の大半の目的は、サクランボ栽培の収益性を高めることにある。同時に、消費者が好む味の傾向をより正確に把握する取り組みも行われている。実の大きさも大切な要素だ。ある研究者によれば、大きすぎず小さすぎず、重さは12グラムが理想的らしい。

従来よりも味のいい品種も開発されているが、「味がいい」とは単に甘いという意味ではない。

屈折計やBrix値測定などの科学的なツールを使えば、実に含まれる糖分とリンゴ酸の比率を測定することができる。甘さと酸味の適切なバランスが、サクランボの特徴的な味を生み出しているのだ。研究者は抗酸化物質や栄養素、そのほか健康に有益な化合物を多く含む品種の開発と並行して、味の追求も続けている。

このような数々の研究や実験により、市場に出回るサクランボの種類は近年リンゴ並みに増えてきた。遺伝形質研究所や果樹栽培者、「果物探偵」（珍しい果物を求めて世界中を旅する人々）に求められているのは、稀少品種やエアルーム品種を再発見、保存することだ。また、研究者や農園主、生産者がその新品種の情報を世間に広く伝えることも重要になる。情報を得た消費者がその品種のサクランボを購入しようとすれば全体的な需要が高まり、市場は拡大していくだろう。

消費者にとってサクランボは日常の買い物リストに加えるというより、実際に見て衝動買いをするタイプの食べ物だ。業界団体はサクランボの需要を増やし、衝動買いではなく最初からサクランボを買い物リストに入れてもらえることを目標にしている。

育種プログラムはこのような新しい品種の開発に大きな役割を果たしている。商業用栽培のセイヨウミザクラ種はその多くがヨーロッパ産だ。北アメリカには育種プログラムが4種類しかなく、そのプログラムにより開発された大半のサクランボの親品種は5種類に限定される。近年推進されているセイヨウミザクラ種のゲノム配列決定は、さらに多くの品種の開発につながるだろう。

サクランボの栽培地域の拡大は、特に地球規模で気候変動の影響を受け続けている現状においては経済的にも大きな課題だ。スコットランドのベリー類生産地域では、近年ラズベリーが根腐病に感染し続けている。この病気では感染が一部から全根域に広がり、やがて全体が枯死してしまう。そのためスコットランドでは、人気があり収益性が高いサクランボの品種が導入され始めた。[1]

味も完璧で、なおかつ植えつけから栽培、収穫まで効率的に行うことのできる夢のサクランボを求めて、カナダのサスカチュワン大学のボブ・ボルス博士とスミミザクラの育種家チームは、最近「ロマンス・シリーズ」と銘打った品種を開発した。この6つのスミミザクラ種は「ロミオ」、「ジュリエット」、「キューピッド」、「バレンタイン」、「クリムゾンパッション」、「カーマインジュエル」という華やかな名前で、大平原で生育する矮性の低木として育種された。試作で選択されたのは、健康に良いという理由から実の色が濃く酸味が強いサクランボだ。その分名前に関しては、誰からも愛されるこの果実にまつわる想像と郷愁を呼び起こす、甘いロマンティックなものになっている。

ニューハンプシャー大学がニワウメ（学名 *P. japonica*）とアフガニスタン・ブッシュチェリー（学名 *P. jacquemontii*）を交配して開発したミーダー・ブッシュの栽培種「ジャン」、「ジョエル」、「ジョイ」は比較的収穫が容易で、8月下旬から9月上旬に熟期を迎える。こうした品種によってスミミザクラ種の栽培時期は今後延びるかもしれないが、味は独特で「慣れればだんだん好きになる」ということだ。[2]

ルーマニアのピテシュティにある果実栽培研究所では、植物の細胞の突然変異により大きな実をたくさんつけるサクラの新しい栽培品種が誕生している。この変異は自然に起こることもあれば、研究所での操作によって人工的に発生させる場合もある。ルーマニアでは600種類以上のセイヨウミザクラ種とスミミザクラ種の遺伝資源を収集している。[3]

レディング大学とイギリスの農業支援チームが後援するブログデイル・コレクションズは、研究と品種改良の核となる機関だ。1996年にはここで285品種のサクラが移植された。ブログデイル・コレクションズの大きな目的のひとつは、遺伝的多様性を保護することだ。遺伝子の凍結保存技術が進み、遺伝資源はさらに長期にわたって安全に保存することが可能になってきた。

サクランボの健康効果に関しては引き続き研究が行われるだろうから、サクランボ製品の需要は今後も増し、もっと入手しやすくなるに違いない。健康志向の消費者は、品質の確かな濃縮ジュースやドライチェリーなど濃縮サクランボ商品を購入できる場所を常に探している。

将来的にはサクラ外交の機会も増えるだろう。姉妹都市プログラムも増加し、満開のサ

機械による収穫風景。

カリナリーベジタブル・インスティテュートのシェフ、ジェイミー・シンプソン「サクランボの改革」。2018年。

クラの美しさを共有してその文化的重要性を広めることで、国際間の友情と理解が育まれるはずだ。また、フィラデルフィア・オーチャード・プロジェクトやオハイオ州シンシナティのプレザント・ストリート・コミュニティ・ガーデンなど現代の地域ガーデニング計画や、食の景観［食用植物を観賞用植物の景観に取り入れ、統合すること］プロジェクトが広がりつつあることから、サクランボをはじめとする果物の需要はこれからも高まっていくと思われる。

イングランドのケント州では、結実するサクラの木をレンタルするのに予約から1年以上待たなくてはならない。サクランボの産地はどこも「自分で収穫する」タイプのサクランボ狩りが人気だが、サクラの木のレンタル人気もしばらくは続くだろう。この事業は可能な限り新鮮なサクランボを消費者に提供する「農場から食卓へ」という考えを反映したもので、梱包や出荷の際に傷みやすいサクランボの特徴を踏まえた企画だ。

摘みたての素朴なサクランボは究極のご馳走かもしれないが、実験型調理を実践する現代のシェフは食材の新しい用途を常に模索している。レストラン「カリナリーベジタブル・インスティテュート」でシェフを務めるジェイミー・シンプソン、料理史家のシャーロット・ヴォイジー、カクテルのスペシャリスト、ピーター・ヴェスティノスの3人はチームを組み、あれこれ手を加えてキューブ形のサクランボまで編み出した。3人の「イート、ドリンク＆ビー・チェリー（食べて、飲んで、サクランボになろう）」プロジェクトでは、ほかにも多くの実験が行われている。

結実するサクラの木についてあらゆる分野で研究に取り組む国もあれば、日本のように花をつける桜の品種改良の研究と開発を続けている国もある。植物育種家たちが最終的に見据えているのはどんなことだろう？

ワシントンD.C.の国立樹木園（USNA）では、「花と自然植物に関する研究組織」の研究リーダーであるマーガレット・プーラー博士が桜の研究に取り組んでいる。博士は種《しゅ》の遺伝学、繁殖、評価に加え、新品種の開発にも携わってきた。特に力を入れているのは耐寒性があり、大きな花を咲かせる品種の開発だ。博士は自身の研究が「生物学、環境面、さらには外交にも大きく関わるはずだ」と語る。

社会はさまざまな点でこの研究の恩恵を受けることになるでしょう。病虫害への耐性を選択することで、これらの新しい品種は従来よりも少ない農薬散布で問題なく開花、結実すると期待しています。また、これまで利用されなかった種を用いて交配すれば花の種類が増え、さらには大きさ、習性、開花時間などの面でより多くの選択肢を持つことになります。数値化するのは困難ですが、春に咲く桜が社会に与える影響を確認することは難しくありません（今週のタイダルベイスンの人出から判断できます）。[4]

気候の変化と、日本文化にとって重要な象徴的存在である桜が将来絶滅する危険性に直面している日本の科学者たちは、イオンビームを使って遺伝子変異を誘発させ、1年を通して花を咲かせる新品種の桜を開発した。[5] 桜の終焉が目前に迫っているというわけではない。だが、日本の国立研究機関である理化学研究所の生物照射チームのリーダー、阿部知子博士によれば、１９９０年以降温暖化によって気温は上昇しており、桜の花の数が減少していることは間違いない。日本で温暖化が進むにつれ、理想的な花を咲かせるのに必要な低温要求時間である８０００時間を下回ってきていると博士は指摘する。理化学研究所仁科加速器科学研究センターで博士らのチームがイオンビームを使用して開発した桜の新種、仁科乙女は春の開花の引き金と

本書の著者、カーカーとニューマン。シンシナティの聖ヨハネ・ユニテリアン・ユニバーサリスト教会とルーマニアのスゼントラズロ・ユニテリアン・ユニバーサリスト教会のパートナーシップの象徴として、ルーマニアにサクラの木を植えた。2017年。

なる低温を必要とせず、通常年に2回開花し、室内であれば四季を通じて、屋外であれば春と秋に美しい花を咲かせる。

さて、この章ではサクラに携わる人々の目標や使命を紹介してきたが、やはり忘れてはならないのは、サクラの花と果実に独自の価値をもたらす本質的な特性は、その儚い美しさにあるということだ。そして、この儚さゆえに現代においてサクラは危うい存在になってしまった。ものが溢れる現代社会では、欲しいと思ったらすぐにでも好きなだけ手に入れ、「何でも思い通りになる」ことが当然になっている。だが、誰であろうと、どれだけ物やお金があっても、新鮮なサクランボを食べられるのは1年のうち数か月だけだ。命令してサクラの花を咲かせることはできない。サクラの花や実は私たちの足を止めて周囲に目を向けさせ、それぞれの場所と時間で咲いたり実ったりする様子を見なさい、と告げている。春の驚くほど美しい満開の花、デザートの上に載った真っ赤なサクランボ、運よく口にした、木から摘み取ったばかりの熟したサクランボ。どんな場面であれ、サクラの花、実、味、そしてそのイメージから喚起される郷愁は、官能的な喜びとして、またときにはロマンスとして私たちの記憶に留まっている。毎日このような経験をすることはできないが、滅多にないという特別感こそが何よりも大切なのかもしれない。結局のところ、「夢のサクラ」が現実になったときに私たちがっかりしないという保証はどこにもないのだから!

謝辞

サクラについて多くの知識を私たちと共有し、本書の完成を支えてくださった以下の方々に感謝を捧げます。

イギリスの果樹園経営者ジェイムズ・エヴァンズとメアリー・マーティン夫妻、ルーマニアのピテシュティ果実栽培研究所のミハイル・コマン博士。同じくルーマニアで温かく迎えてくれたヴェラ・ケレマン、ヘジェダス・ティヴァオドール牧師、スゼントラズロ・ユニテリアン・ユニバーサリスト教会の皆さん。サクランボのレシピや食べ物、歌を教えていただいたお礼に、私たちは教会にサクラの木を植えました。

ウクライナを案内し、いとこが経営するリヴィウ郊外のサクランボ農園にも連れて行ってくれた小説家のアイリーン・ザビトコ氏。ポルトガルのサクラ栽培地域にある観光局を紹介してくれた、リスボンの米国大使館文化部のニコラウ・アンドレセン氏。私たちの調査の貴重な力添えとなったフンダン観光局のマルタ・セラ氏。

写真家で友人でもあるジョアン・ベニング。桜に関連する日本の商品を教えてくれたポーラ・ロバーツ。サクラ見物やサクランボ狩りにつき合ってくれたり、サクランボのゲームをしたり、サクランボのレシピを試食してくれた家族や友人。それから、サクラの薪でバーベキューをしてくれたピーター・オーキン。

本書の原稿を早々に読んで編集と校正を手伝ってくれたローレンツ・ランゲージ・コンサルタンツのキャ

サリン・ローレンツ博士と、シンシナティのフレンズ&ブックス読書クラブのメンバー。哲学と芸術の専門知識を教えてくれたチャールズ・サイバート博士とロワンヌ・ジョーンズ博士。有益な意見と編集のアドバイスをくれた園芸家のリチャードとネンヤ・ミルン。

シンシナティ・ハミルトン郡公立図書館セント・バーナード分館の素晴らしいスタッフ。ペンシルバニア州立大学ブランディワイン・キャンパス図書館のスタッフ。魅力的で貴重な研究資料を提供してくれた米国農務省（USDA）国立農学図書館の蔵書及び貴重書の収集責任者スーザン・H・ファゲイトと専門スタッフ。

最後に、私たちの母ドリス・ワトソンと、フィラデルフィアの町なかにある庭園に母を偲んでサクラの木を植える段取りをつけてくれたフィラデルフィア果樹園プロジェクトの常任理事フィル・フォーサイス氏にも感謝を捧げたいと思います。

訳者あとがき

子供の頃、春になると学校の校庭や通学路に植えられた桜が満開の花を咲かせていました。その姿は毎年恒例の身近なものであると同時に、担任の先生や級友との別れと出会いを改めて意識させる特別な存在でもあった気がします。「身近」と「特別」は矛盾しているようにも思えますが、本書を訳し終えて感じたのは、桜はとても多面的な意味合いやイメージを持つ植物で、それが時代や国を超えて人々を惹きつけてきた理由にもなっているのではないかということです。ここではそのあたりにも触れながら、本書をご紹介したいと思います。

日本をはじめアジアの国々で特に愛されている桜の花。著者は第2章で「サクラの花は世界中で愛されているが、最初に深い文化的意味を見出したのは日本人の功績だ」と述べています。古代日本では桜の花は田植えの季節を告げる合図であり、生命力の象徴として民間信仰の対象にもなっていました。平安時代になると、多くの和歌にも詠まれたようにその儚い美しさが称賛され、「もののあはれ」という精神文化の代表的存在となります。時が流れて昭和初期や第二次世界大戦中には、国粋主義、軍国主義の象徴として使われました。「その後桜が平和の象徴と見なされるようになったのは皮肉な話だ」と著者は書いています。そのときどきの文化や歴史背景によって、これほど異なる意味を託されてきた植物はそう多くないのではないでしょうか。日本人にとって桜の花は、それだけ思い入れが強いということなのかもしれません。

西洋に目を向けると、有史以前からサクランボが食されていたことがわかっていて、以来この果実は多くの絵画や文学、伝承に大きな影響を与えてきました。第3章に、キリスト教では中世からルネサンス期にかけて、サクランボなどの果実や花に寓意的な意味を持たせるようになった、とあります。これ以降、絵画に描かれるサクランボは快楽や女性らしさ、誘惑を体現すると同時に、キリストの血、すなわち受難の象徴としても用いられるようになりました。さらに、収穫時期が短く日持ちしないサクランボは高価な食材であることから豊かな財力を表し、同時に贅沢という罪への警告の意味もあったそうです。また、文学においてサクランボは無垢、絆、官能などを表し、cherry（サクランボ）という語を用いた多くの慣用表現や俗語が生まれました。日本人にとって桜の花が特別であるように、サクランボが西洋の人々に大きな影響を与える存在であったことがうかがえます。

今回参考文献を調べるなかで、日本の桜の約8割を占めるソメイヨシノが接ぎ木や挿し木という技術によるクローンだということを初めて知りました。本書の著者は第6章で、人間の都合による桜の花や実の開発、改良に苦言を呈しています。人間がどこまで自然に介入していいのか、難しい問題だと改めて感じました。

本書『桜の文化誌』はイギリスの出版社 Reaktion Books から刊行されている Reaktion's Botanical series の1冊で、邦訳版は「花と木の図書館」シリーズと命名されています。ひとつの花や樹木をテーマに取り上げ、その起源と歴史、食文化、芸術への影響などを深く掘り下げる本シリーズはとても読み応えがあり、また多くの図版や写真も楽しんでいただけます。本書の巻末にはサクランボを使ったレシピが載っていますので、よかったらぜひ挑戦してみてください。

最後になりましたが、翻訳にあたり原書房の中村剛氏、大西奈己氏、石毛力哉氏に大変お世話になりました。この場をお借りして御礼申し上げます。

２０２１年４月

富原まさ江

レシピ集

◉チェリーブランデー

(『料理人の神託』、アピシウス著、1世紀、ウィリアム・キッチナー訳、1817年)

熟したスミミザクラの実1ポンド(500g)を手でしっかりつぶし、ブランデー1クォート(1ℓ)に浸す。3日間漬けた後ナプキンに実を包んで搾り、多めの砂糖を加えてから蓋つき容器に注ぎ入れ、1週間寝かせてから瓶に詰め替える。

....

◉チェリートルテ

(『ナポリ料理集：ナポリの料理人 The *Neapolitan Recipe Collection: Cuoco Napoletano*』、テレンス・スカリー訳・現代版レシピ、ミシガン大学出版局、2002年)

入手可能な最も濃い色のサクランボを用意し、種を取り除いて乳鉢ですりつぶす。赤いバラの花びらだけをナイフでよく叩く。新しいチーズと古いチーズを混ぜ、スパイスとシナモンを適宜、新鮮なショウガ、コショウと砂糖少々を加え、サクランボとバラも混ぜ入れ、卵6個を割り入れてさらによく混ぜる。バター半ポンド(250g)を塗った平鍋にこの生地を注ぎ、中火で焼き上げる。完成したら砂糖とローズウォーターを振りかける。

....

◉チェリートルテ現代版

材料：
サクランボ…1ポンド(500g)
リコッタチーズ…1ポンド(500g)
砂糖…½カップ(125g)
卵…3個
ショウガ…小さじ½
シナモン…小さじ1
乾燥させたバラの蕾(砕いたもの)…大さじ1
黒コショウ…ひとつまみ
ローズウォーター…大さじ1

サクランボをピューレ状にならない程度につぶす(缶詰を使う場合は、つぶす前と後に水気をよく切ること)。ドライチェリーを使うとパイの風味は大きく変わり、レーズン風の味になるので注意。つぶしたサクランボ、リコッタチーズ、砂糖、卵、ショウガ、シナモン、コショウ、バラの花びらをよく混ぜる。じゅうぶんに馴染んだらパイ生地に流しこむ。サクランボの外皮を載せ、175℃のオーブンで表面が黄金色になるまで焼く。食べる直前、表面に小さな穴を開けてローズウ

ォーターを注ぐ。

◉カボチャとサクランボのスープ

探検家メリウェザー・ルイスとウィリアム・クラークが日記につけていた「鍋で煮た夏カボチャ、豆、トウモロコシ、チョークチェリー」の現代版レシピを試してみよう。
(『ご馳走から粗食まで：ルイス・クラーク探検隊レシピ集 *Feasting and Fasting with Lewis and Clark*』、レアンドラ・ジム・ホランド著、モンタナ州エミグラント、2003年)

材料：
- バターナッツ［カボチャの一種］、ドングリカボチャ、ニホンカボチャのいずれか2.5 cm角に切ったもの2カップ（480 g）
- 野菜ブイヨン…1クォート（1ℓ）
- 種を取り除いたドライチェリー…1カップ（240 g）（もし可能ならオリジナルのチョークチェリーを!）
- トウモロコシの実…1カップ（240 g）
- 白インゲン…¾カップ（180 g）煮た後に量ること
- 塩、コショウ…適宜

カボチャの角切りを野菜ブイヨンで軟らかくなるまで20分ほど煮こみ、トウモロコシとドライチェリーを加えてさらに10分ほど煮る。食べる前に白インゲンを加えて煮立てる。

◉サクランボのジャム

マーサ・ワシントン著『調理法と菓子の書 *Booke of Cookery and Booke of Sweetmeats*』（1749年）

きれいなサクランボ2ポンド（1kg）の柄を切り取り、実を傷つけないように注意して丁寧に洗う。次に、家にある一番大きなジャム用の鍋か銀製の深い鍋にきれいな水1クォート（1ℓ）と二次精製した砂糖2ポンド（1kg）を入れて火にかける。とろみが出てきたらサクランボを加えて煮立てる。その間、銀製のスプーンで定期的に優しくかき混ぜ、あくを取ること。煮詰めたものをガラス瓶に詰めれば1年間保存できる。

◉チェリージュビリー

1887年、サクランボが好物だったヴィクトリア女王の即位50周年を記念して、「近代フランス料理の父」オーギュスト・エスコフィエが考案したデザートだ。エスコフィエは、果物を砂糖とブランデーに漬けて保存するフランスの伝統的な方法を応用して、このチェリージュビリーを作った。1903年出版の著書『料理の手引き書 *Le Guide culinaire*』で紹介されたオリジナルレシピでは、アイスクリ

ームは使われていない。1950年代から60年代にかけて、このデザートは家庭のディナーパーティーで広く親しまれるようになった。

厳密なレシピはない。フライパンでバターと砂糖をキャラメル状にしてサクランボを加えるだけだ。そしてキルシュやブランデーでフランベしてからアイスクリームにかける。

……………………………………………

◉クラフティ

数世紀前、フランス中南部のリムーザン地方で作られた菓子。伝統的なレシピでは、アーモンドのような風味を出すため甘いダークチェリーを種つきで使う。

材料：
甘みのあるサクランボ（種つき）…240g（1カップ）
卵…1個
バニラ…小さじ½
小麦粉…大さじ2
砂糖…大さじ3
牛乳…⅓カップ（80 ml）

卵、バニラ、小麦粉、砂糖、牛乳を混ぜ合わせ、小さなキャセロール皿またはラミキン［円筒形の小さな陶器製の容器］に並べたサクランボに注ぐ。175℃のオーブンで固まるまで焼く（カスタード状になるまで）。

……………………………………………

◉ハンガリー風サワーチェリースープ

材料：
モレロチェリーのライトシロップ漬け…ひと瓶（約700g）
砂糖…¼カップ（50 g）
水…1カップ（240g）
月桂樹の葉…1枚
スターアニスの葉…1枚
クローブ…小さじ⅛
シナモン…小さじ¼
塩…小さじ¼
アーモンドエッセンス…小さじ⅛
バニラ…小さじ¼
レモン1個分の皮と果汁
卵黄…1個
サワークリーム…½カップ

すべての材料を混ぜ合わせて1時間ほど煮こんだら一部をミキサーに移し、卵黄1個とサワークリーム½カップ（120 g）を混ぜたものをゆっくりと注ぎ入れる。これをもとのスープに戻し、弱火で15分煮こむ。

……………………………………………

◉トルーマン夫人のビング・チェリー・モールド（サラダ）

（ベス・トルーマン、アメリカ合衆国大統領夫人（1945～53年）、ミズーリ大学トルーマン図書館コレクション所蔵のレシピより、1950年代）

材料：
ビングチェリー…大1缶
クリームチーズ…1パック
チェリー味のジェロ［アメリカ製のゼリーミックス］…1パック
ライム味のジェロ…1パック

①ビングチェリーの果汁を量り、2カップになるよう水を足す。これにチェリー味のジェロを加え、火にかけて溶かす。部分的にだまになる場合はビングチェリー果汁を追加する。

②ライム味ジェロに水を足してゼリーを作る。固まり始めたらチーズを混ぜ入れる。型の底にチーズ入りのジェロを広げ、完全に固まったら①を注ぐ。マヨネーズをかけて供する。

………………………………………………

◉ドクター ヴェナーのチェリー・ブレッドプディング

（エドワード・バンヤード『デザートの解剖学』（ニューヨーク、1934年）よりレシピをアレンジ）

「バター、パン、砂糖にサクランボを加えて煮る」

材料：
卵…2個
溶かしたバター…大さじ2
全乳…1カップ（240ml）
キルシュ…大さじ1
バニラ…小さじ½
アーモンドエッセンス…小さじ¼
サクランボのジャム…大さじ3
シナモン…小さじ½
サクランボ…1カップ（240g）
約2.5cm大に切った古いパン　2カップ（480g）

すべての材料を混ぜ合わせてキャセロール皿に注ぎ、2時間から一晩冷蔵庫で冷やす。その後、蓋つきの容器に入れて175℃のオーブンで1時間焼く。

………………………………………………

◉イタリアンアーモンドクッキー

このレシピでは、中東や地中海地域に生育するマハレブチェリーの種の中心にある仁を粉末にしたスパイス、マハレブを使用している。エスニック専門の食料品店などで手に入るが、アーモンドエッセンスでも代用できる。

材料：
アーモンド粉…2½カップ（360g）
砂糖…⅔カップ（130g）
マハレブ（またはアーモンドエッセンス）…大さじ½
塩…小さじ½
バニラ…小さじ½
アマレーナチェリー…40個

①アーモンド粉、半分の量の砂糖、マハ

レブ、塩を混ぜ合わせる。
②卵白と砂糖の残り半分、バニラを混ぜて泡立てる。
③②に①を加えて混ぜる。
④絞り袋に③を入れ、生地を星形に絞り出す。
⑤それぞれの生地にアマレーナチェリーを載せ、160℃のオーブンで20分焼く。クッキー40枚分。

◉アルバルー・ポロ（イランの米料理）

（『シルクロードの美食 The Silk Road Gourmet』、ローラ・ケリー、2009年より抜粋）

材料：
バター…大さじ2
玉ねぎ…大1個（皮を剥いて、みじん切りにする）
アドヴィー［イランのスパイスミックス］…小さじ1
塩…小さじ½
黒コショウ…小さじ¼
サワーチェリーのライトシロップ漬け…1½カップ（360g）
水…2カップ（480g）
バスマティ種［伝統的にインドやパキスタンで栽培されてきた長粒米品種］の生米…1カップ（175g）
スライスアーモンド
ピスタチオ

バターで玉ねぎを炒める。スパイス、サクランボ、水を入れて沸騰させ、米を加える。完成したら、風味づけにスライスアーモンドとピスタチオを散らす。

◉チェリーパイ
あの娘はチェリーパイを作れるかな？
ビリー・ボーイ、ビリー・ボーイ……
民謡より

もちろんだ。チェリーパイは嘘みたいに簡単！　ここにレシピを載せるのが申し訳ない気持ちになるほどに。コムストック社が発売しているチェリーパイセットの缶詰のレシピなら、たったの2段階で完成する。「パイ生地に缶詰の中身を注いで、それを広げる」。

一から自分で作りたい場合は、もう少しだけ材料や手順が必要だ。

サクランボ：伝統的なチェリーパイには、サワーチェリー（酸味のあるサクランボのこと。新鮮なもの、冷凍のもの、缶詰のものなど好みで）を使う。アメリカではたいていモンモランシーチェリーだが、モレロチェリーなどヨーロッパ産のサワーチェリーの瓶詰めの場合もある。パイを焼く前の24時間以内に摘んだ新鮮なサクランボが一番だという菓子職人もいるが、それができる人がどれだけいるだろう⁉　レシピによっては甘みのあるサクランボを使うものもある（通常はビン

グチェリーだが、レイニアなどほかの品種でも問題ない)。種を取り除くのを忘れないこと。ヨーロッパ発祥のチェリークラフティ（サクランボのカスタードパイ）は種つきのサクランボを使うので、アーモンドの風味が加わる。いずれにしろ、このレシピには5カップ半（770g）のサクランボが必要だ。

甘味料：サクランボの甘さや好みにもよるが、おおよそ1カップ（200g）の砂糖が必要だ。砂糖の4分の1を黒砂糖にするというレシピもある。

増粘剤：増粘剤の量は約大さじ2杯。最も一般的な増粘剤には小麦粉、コーンスターチ、タピオカがある。どれが一番好ましいかはプロの職人でも意見が分かれ、ほぼ個人的な好みと言える。

必要なのはたったこれだけ——サクランボ、砂糖、増粘剤だけだ。もっとも、菓子職人はほかよりも美味しいパイを作ろうと意気ごんで、風味づけにさまざまな材料を使う。おもなものはバニラ、アーモンドエッセンス、キルシュ、オレンジリキュール、レモン果汁、レモンの皮、シナモン、カルダモン、ナツメグなどだ。

桜年表

紀元前5000～前4000年	石器時代の洞窟ではサクランボの種が発見されている。すでにこの時代にはサクランボは食料だった
紀元前300年	テオプラストスが『植物誌』でサクラについて言及
紀元前70年	ルキウス・リキニウスがローマにスミミザクラを持ち帰る
紀元100年	大プリニウスが『博物誌』でサクランボの接ぎ木の手法について言及
100年	ローマ人がイングランドのケント州にサクランボを持ちこむ
710～794年	日本で花見の風習が始まり、各地に桜が植えられるようになる
1066年	ノルマン征服により、イングランドにサクラが再び持ちこまれる
1192年	日本で本格的な武家政権が始まる。桜が日本人の心の高貴さの象徴と見なされるようになる
1364年	フランス王シャルル5世が、トゥルネルとサン＝ポールの庭園に1125本のサクラの木の植樹を命じる
1400年代	中世の養生訓『健康全書』にサクランボの効能が記載
1415年	詩人ジョン・リドゲイトがロンドンの市場で売られるサクランボの詩を書く
1533年	ヘンリー8世の専任園芸家リチャード・ハリスが、園芸業者に分け与える目的でテイナムの土地に原木を植える
1597年	『ジェラードの草本書 *Gerard Herbal*』が出版、イングランドのサクランボについて記載
1600年代	ヨーロッパの入植者がアメリカにサクランボを持ちこむ
1600年代～1700年代	イングランドのフェイヴァーシャムにある果物栽培地帯およびメドウェイ渓谷に大規模なサクランボ園が建設される
1611年	ジョン・トラデスカント（父）がイングランドのハットフィールド・ハウスに「トラデスカント」種のサクランボを持ちこむ
1648年	詩人ロバート・ヘリックが「熟れたさくらんぼ」を書く。後に曲がついて民謡として広まる

1649年	イングランドのウィンブルドンにあるヘンリエッタ・マリア妃（チャールズ1世の王妃）の庭園に、200本の木が植樹される
1655年	園芸家ジョン・レアが、セイヨウミザクラ種とスミミザクラ種の交配種デュークチェリーについて言及
1669年	イングランド王室森林のすべてのサクラを保存する法律が制定
1755年	リスボンで、スミミザクラを原料にした有名なポルトガルのリキュール「ジンジャ」の発売が始まる
1773年	ジョージア州オーガスタの近くに生育するエゾノウワミズザクラ（学名 Prunus padus）について、ウィリアム・バートラムが著書『旅行記 Travels』で言及
1800年代	19世紀終盤、サクランボがオーストラリアに持ちこまれる
1811年	トーマス・ジェファーソンの記録によると、彼の果樹園には48本のサクラの木があった
1815年	ワーテルローの戦いにちなんで「ワーテルロー」という品種のサクランボが登場
1847年	ヘンダーソン・ルウェリングがオレゴン州西部に果樹園を設立。これをきっかけに、北西部でセイヨウミザクラの商業生産が始まった
1850年	アメリカ大統領ザカリー・テイラー死去。大量のサクランボを食べたことが原因との憶測が飛び交う
1860年	ロバート・ホッグの『果物指南 *Fruit Manual*』で、サクランボを含む果物の品種について包括的な説明がなされる
1868年～1912年	明治維新は日本帝国主義を生み出した。桜は日本国家に身を捧げた日本兵の象徴とされる。大貫・ティアニー・恵美子の著書によれば、兵士たちは「天皇陛下のため、桜花のように見事に散れ」と言われていた
1875年	オレゴン州でセス・ルウェリングがセイヨウミザクラ種「ビング」を開発。
1879年	画家ジョン・エヴァレット・ミレー卿が『熟したさくらんぼう』を制作
1880年代	イングランドのレナムに、グラント・モレロチェリー・ブランデー工場が建設

1892年	文献によれば、ニューヨークのイサカで初めて「チェリー・サンデー」が登場。バニラアイスの上にチェリーシロップをかけ、サクランボの砂糖漬けを載せたデザートだった
1893年	ミシガン州でスミミザクラの商業生産が開始
1896年	アメリカで、国産のサクランボを原料にしたマラスキーノチェリーの製造が始まる。ヨーロッパのものよりもアルコール度数が低い（最終的には禁酒法の影響でアルコールなしの）マラスキーノチェリーが誕生した
1902〜1903年	アメリカ農務省のデビッド・フェアチャイルド博士が、桜の指定品種30種をアメリカに導入
1904年	1月17日、チェーホフの誕生日にモスクワ芸術座で『桜の園』が上演される
1910年	ミシガン州トラヴァースシティで第1回のサクラ祭り「花の祝福（Blessings of the Blossom）」が開催され、後に全国サクラ祭りへと発展する
1912年	日本がワシントンD.C.に3000本の桜を寄贈
1921年	イングランドの王立園芸協会がウィズレーにナショナル・フルーツ・コレクションを設立
1926年	アメリカ独立150周年を記念して、フィラデルフィアにサクラの木を植樹
1939〜1945年	第二次世界大戦中、日本帝国は植民地政策の一環として「占領地が日本の領土であることを知らしめる」ために桜を植える
1940年	カナダのブリティッシュコロンビア州で自家結実性のサクランボの育種が始まる
1952〜1954年	イングランドのナショナル・フルーツ・コレクションがケント州ブログデイル果樹園に移転
1958年	矮性の台木「コルト」が育種される
1965年	日本政府がアメリカ大統領夫人のレディ・バード・ジョンソンに3800本のソメイヨシノ（サクラの伝統的な品種）を贈る。この木はワシントンD.C.に植樹された
1970年代	北京の玉淵潭公園には2000本以上のサクラの木がある。そのうち200本は1970年代初頭に日中国交正常化を記念して日

	本から寄贈された
1981年	モンティチェロのトーマス・ジェファーソン記念館所属の考古学者が、裏庭の乾いた井戸からサクランボを保存した4本の瓶を発見
1987年	ミシガン州トラヴァースシティの全国サクランボ祭りで、直径5.3メートルという世界最大のチェリーパイが作られる
2008年	イギリスが7月16日を「サクランボの日」に制定
2009年	イギリスで「チェリー・エイド」キャンペーンが始動
2011年	ドキュメンタリー映画『津波そして桜』が公開

写真ならびに図版への謝辞

図版の提供と掲載を許可してくれた以下の関係者にお礼を申し上げる。なお、一部の施設・団体名の表記を簡略化させていただいた。

Photo courtesy of 3 Cats Studio: p. 78; Amon Carter Museum of American Art, Fort Worth: p. 185; British Library, London: p. 22; photo Chef s Garden: p. 201; Christ College, Oxford Picture Gallery: p. 156; Gemaldegalerie Alte Meister, Dresden: p. 164; Greater Loveland Historical Society Museum, Loveland, Ohio: p. 116; Historisches Museum, Frankfurt (on loan to the Stadel Museum, Frankfurt): p. 151 (top); collection of Constance Kirker: pp. 20, 49, 57, 137, 143, 187; photos Constance Kirker: pp. 7, 9, 20, 22, 24, 27, 31, 33, 34, 35, 36, 40, 44, 49, 53, 57, 65, 67, 73, 80, 82, 84, 85, 87, 90, 91, 93, 94, 95, 98, 99, 100, 102, 103, 104, 105, 106, 112, 114, 120, 125, 127, 130, 131, 133, 137, 138, 140, 144, 145, 149, 150, 175, 177, 187, 196, 203, 205; Kunsthistorisches Museum Vienna: p. 158; Library of Congress, Washington, dc (Prints and Photographs Division): p. 88; Los Angeles County Museum of Art (Open Access): p. 171; Medici Villa and Still Life Museum, Florence, photo Universal Images Group/SuperStock: p. 18; Metropolitan Museum of Art (Open Access): pp. 58–9, 63, 122, 154, 157, 181; courtesy Thomas Moser: p. 122; Musee d'Orsay, Paris: p. 170; Museo del Prado, Madrid: p. 151; Museum of Fine Arts, Boston, Massachusetts: p. 79; photo NASA/Bill Ingalls: p. 124; National Gallery, London: pp. 155, 162, 162; photo Jim Nugeot: p. 200; Planes of Fame Museum, Chino, California: p. 61; private collections: pp. 151(foot), 159, 167, 169; Skokloster Castle, Sweden: p. 142; State Hermitage Museum, Saint Petersburg: p. 165; Toledo Museum of Art, Ohio: p. 146; u.s. Department of Agriculture National Agricultural Library, Beltsville, Maryland (Pomological Watercolor collection): pp. 11, 24, 30, 36; Vatican Museums, Rome: p. 15; photo Walker Art Center, Minneapolis/Minneapolis Park and Recreation Board: p. 173; courtesy of the artist (Amy Yosmali): p. 171.

Skinner, Charles, *Myths and Legends of Flowers, Trees, Fruits, and Plants* (Philadelphia, pa, 2011)［チャールズ・スキナー著『花の神話と伝説』垂水雄二・福屋正修訳／八坂書房／ 1999 年］

Toussaint-Samat, Maguelonne, *A History of Food* (Cambridge, ma, 1992)［マグロンヌ・トゥーサン＝サマ著『世界食物百科―起源・歴史・文化・料理・シンボル』玉村豊男訳／原書房／ 1998 年］

参考文献

Abe, Naoko, *'Cherry' Ingram: The Englishman Who Saved Japan's Blossoms* (London, 2019)［阿部菜穂子著『チェリー・イングラム――日本の桜を救ったイギリス人』／岩波書店／ 2016 年］

Badenes, Maria Luisa, and David H. Byrne, eds, *Fruit Breeders* (New York, 2012)

Bader, Myles H., *Cherry Creations: The Ultimate Cherry Cookbook* (Las Vegas, nv, 1995)

Barter, Judith, ed., *Art and Appetite: American Painting, Culture, and Cuisine* (Chicago, il, 2013)

Bowden, Lindsay, *Damn Fine Cherry Pie* (New York, 2016)

Brockman, C. Frank, *Trees of North America* (New York, 2001)

Gollner, Adam, *The Fruit Hunters* (New York, 2008)［アダム・ゴウルナー著『フルーツ・ハンター――果物をめぐる冒険とビジネス』立石光子訳／白水社／ 2009 年］

Gosalbo, Laura and Gerard Solis, *Crazy about Cherries* (Gretna, la, 2009)

Grigson, Jane, *Jane Grigson's Fruit Book* (London, 1982)

Holland, Leandra, *Feasting and Fasting with Lewis and Clark: A Food and Social History of the Early 1800s* (Emigrant, mt, 2003)

Hunter, Jane McMorland, *For the Love of an Orchard* (London, 2011)

Janick, Jules, ed., *Origin and Dissemination of Prunus Crops: Peach, Cherry, Apricot, Plum, Almond* (New York, 1997)

Kuitert, Wybe, *Japanese Flowering Cherries* (Portland, or, 1999)

Malaguzzi, Silvia, *Food and Feasting in Art* (Milan, 2006)

Musgrave, Toby, and Clay Perry, *Heirloom Fruits and Vegetables* (New York, 2012)

Nims, Cynthia, *Stone Fruit* (Portland, or, 2003)

Palter, Robert, *The Duchess of Malfi's Apricots, and Other Literary Fruits* (Columbia, sc, 2002)

Pauly, Philip, *Fruits and Plains: The Horticultural Transformation of America* (Cambridge, ma, 2007)

Riley, Gillian, *Food in Art from Prehistory to the Renaissance* (London, 2015)

注

序章

1　Pablo Neruda, Every Day You Play, in Twenty Love Poems and a Song of Despair, trans. W. S. Merwin (New York, 2006), p. 53. ［パブロ・ネルーダ著『二〇の愛の詩と一つの絶望の歌』所収／松田忠徳訳／富士書院／ 1989年］

第1章　歴史、栽培、消費

1　Marjorie Adams, 'Wax Fruit and Vegetable Model Collections', www.ecommons.cornell.edu に2018年12月12日にアクセス。

2　R. Watkins, 'Cherry, Plum, Peach, Apricot and Almond', *Evolution of Crop Plants,* ed. N. W. Simmonds (New York, 1976), p. 245; A. D. Webster, The Taxonomic Classification of Sweet and Sour Cherries and a Brief History of Their Cultivation', *Cherries: Crop Physiology, Production and Uses*, ed. A. D. Webster and N. E. Looney (Wallingford, 1996), pp. 3–23.

3　A. De Candolle, *Origin of Cultivated Plants* (New York, 1886), p. 176.

4　E. J. Olden and N. Nybom, 'On the Origin of *Prunus cerasus L.*', *Hereditas*, lix (1968), pp. 327–45; Jules Janick, *Origin and Dissemination of Prunus Crops* (Hoboken, nj, 2011), p. 56.

5　Don R. Brothwell, *Food in Antiquity: A Survey of the Diet of Early Peoples* (Baltimore, md, 1997), p. 136.

6　同前 .

7　W. Rhind, *A History of the Vegetable Kingdom* (Oxford, 1841), p. 334.

8　Anna Louise Taylor, 'British Cherries Make a Comeback', www.bbc.co.uk, August 2013に2018年12月12日にアクセス。

9　Will Bashor, *Marie Antoinette's Head: The Royal Hairdresser, the Queen, and the Revolution* (Lanham, md, 2013), p. 65.

10　Mumtaz Ahmad Numani, 'Emperor Jahangir's Method of Observation and Approaches to Investigation of Kashmir Ecology: An Appraisal of His Deep Sense of Sensitivity towards Nature', *Journal of Ecology and the Natural Environment,* vii/3 (2015), p. 79.

11　'Thomas Jefferson's Monticello, "Carnation" Cherry', www.monticello. org, に2018

年12月12日にアクセス。

12 Jules Janick, 'The Origins of Fruits, Fruit Growing and Fruit Breeding', *Plant Breeding Review*, xxv (2005), p. 26.

13 Maria Luisa Badenes*Fruit Breeding* (Berlin, 2012), pp. 459–504.

14 Dan Charles, 'Inside a Tart Cherry Revival: "Somebody Needs to Do This!"' www.npr.org, 23 May 2013に2018年12月12日にアクセス。

15 U. P. Hedrick, *Cyclopedia of Hardy Fruits* (New York, 1922), p. 136.

16 Janick, *Origin and Dissemination of Prunus Crops*, p. 83.

17 The Story of the Famous Bing Cherry', www.cherries.global に2018年12月26日にアクセス。

18 Bryan Newman, 'Montmorency Cherries on French Menus', https://behind-the-french-menu.blogspot.com, 2017.

19 同前 .

20 '*Ferrovia*', www.goodfruitguide.co.uk に2018年12月12日にアクセス。

21 Lynn E. Long et al., 'Sweet Cherry Rootstocks', https://extension. oregonstate.edu, February 2014.

22 Badenes*Fruit Breeding*, pp. 459–504.

23 Virginia Cooperative Extension, 'Growing Cherries in Virginia', https://ext.vt.edu に2018年12月27日にアクセス。

24 Badenes*Fruit Breeding*, pp. 459–504.

25 Michigan State University, 'History of Tart Cherries', www.canr.msu.edu に2018年12月26日にアクセス。

26 Long et al., 'Sweet Cherry Rootstocks'.

27 Virginia Cooperative Extension, 'Growing Cherries in Virginia'.

28 Keith Clay, 'American Black Cherry Tree Overruns Europe by Playing Dirty', www.newsinfo.iu.edu, 9 December 2003.

29 Wybe Kuitert, *Japanese Flowering Cherries* (Portland, or, 1999), p. 189.

30 同前 ., p. 181.

31 Live Japan, 'The Five Great Sakura Trees of Japan', www.livejapan.com,

31 May 2017.

32 同前 .

33 Michigan Farmer, 'Michigan Cherry Production Down from Previous Year', www.farmprogress.com, 14 August 2017.

34 James L. Wescoat, *Mughal Gardens: Sources, Places, Representations, and Prospects*

(Washington, dc, 1996), p 129.
35 Geoff Herbert, 'Tree of 40 Fruits', www.syracuse.com, 8 August 2015.
36 K. W. Mudge, J. Janick, S. Scofield and E. E. Goldschmidt, 'A History of Grafting', *Horticultural Reviews*, xxxv (2009), p. 456.
37 Nikki Rothwell, 'Cherry Fruit Fly Ecology and Management', www.canr.msu.edu, 6 June 2006.
38 Luana dos Santos, 'Global Potential Distribution of *Drosophila suzukii*', www.journals.plos.org, 21 March 2017.
39 Ashley Welch, 'New Fruit Tops Dirty Dozen List of Most Contaminated Produce', www.cbsnews.com, 12 April 2016.
40 Joseph Addison, *The Works of Joseph Addison: The Spectator* (London, 1891), p. 463.
41 Jules Janick, *Origin and Dissemination of Prunus Crops* (Hoboken, nj, 2011), p. 56.
42 'Where Do Cherries Grow? The World Leaders in Cherry Production', www.worldatlas.com, に2018年12月26日にアクセス。
43 Adam Leith Gollner, *The Fruit Hunters: A Story of Nature, Adventure, Commerce and Obsession* (New York, 2008), p. 48.
44 同前 .
45 Horticulture and Landscape Architecture, Purdue University, '*Tacuinum Sanitatis*', www.hort.purdue.edu に2018年12月27日にアクセス。
46 Maguelonne Toussaint-Samat, *A History of Food* (Hoboken, nj, 2009), p. 585.
47 Ewa Hudson, 'Cherries: More Than Just Antioxidants', www. euromonitor.com, 2012.
48 G. Howatson et al., 'Effect of Tart Cherry Juice (*Prunus cerasus*) on Melatonin Levels and Enhanced Sleep Quality', *European Journal of Nutrition*, li/8 (2012), pp. 909–16.
49 Healthline, 'About Cherry Allergies', www.healthline.com に2018年12月12日 にアクセス。
50 Susan McQuillan, 'Happiness Is (Literally) a Bowl of Cherries', www. psychologytoday.com, 5 September 2016.

第2章　花——儚さの美学

1 Kathryn Lasky, *The Royal Diaries: Marie Antonoinette, Princess of Versailles, Austria-France* (New York, 2000), p. 37.
2 Jules Janick, 'Origin and Dissemination of Cherry', *Horticultural Review,* lv (2010), p.

271.

3 Adrian Higgins, 'Beyond Washington's Cherry Trees, How Did so Many Japanese Plants Find Their Way into American Gardens?', *Washington Post Magazine* (23 March 2012).

4 Naoko Abe, *'Cherry' Ingram: The Englishman Who Saved Japan's Blossoms* (London, 2019), p. 195.

5 同前 .

6 'Jefferson: The Scientist and Gardener', www.monticello.org, に2018年12月27日にアクセス。

7 Basil Montagu, *The Works of Francis Bacon, Lord Chancellor of England* (Philadelphia, pa, 1852), p. 73.

8 Kendra Wilson, 'A Gothic Garden Visit, Courtesy of the Mitfords', www.gardenista.com, 27 October 2013.

9 Emiko Ohnuki-Tierney, *Kamikaze, Cherry Blossoms and Nationalisms: The Militarization of Aesthetics in Japanese History* (Chicago, il, 2006), p. 27.

10 Michael Hoffman, 'Sakura: Soul of Japan', www.japantimes.co.jp, 25 March 2012.

11 Mark Cartwright, 'Ninigi,' www.ancient.eu, 4 May 2017.

12 Hugo Kempeneer, 'Hirano Jinja: Emperor Kazan's Favorite Cherry Tree Garden!', www.kyotodreamtrips.com, 17 January 2012.

13 'Yoshitoshi Tsukioka: Spirit of the Komachi Cherry Tree: New Forms of Thirty-six Ghosts, 1889–1892', www.sinister-designs.com, に2019年4月24日にアクセス。

14 Joseph Castro, 'What's the Cultural Significance of Cherry Blossoms?', www.livescience.com, 4 April 2013.

15 John Dougill, 'Gion Festival: Chigo', www.greenshinto.com, 11 July 2013.

16 Mislav Popovic, 'Gion Matsuri', www.traditionscustoms.com に2018年12月27日 にアクセス。

17 'Cherry Blossom Festival: Types of Trees', www.nps.gov, に2019年4月24日にアクセス。

18 Emiko Ohnuki-Tierney, *Kamikaze, Cherry Blossoms, and Nationalisms: The Militarization of Aesthetics in Japanese History* (Chicago, il, 2002), p. 97.

19 Emiko Ohnuki-Tierney, *Kamikaze Diaries: Reflections of Japanese Student Soldiers* (Chicago, il, 2007), p. 28.

20 Merrily Baird, *Symbols of Japan: Thematic Motifs in Art and Design* (New York, 2001), pp. 48–9.

21 Jennifer Weiss, 'Cherry Blossoms in Literature and Art', www. tokyocreative.com に2018年12月27日にアクセス。

22 同前 .

23 'Viewing Cherry Blossoms', www.blogs.loc.gov, March 2016.

24 Robin D. Gill, *Cherry Blossom Epiphany* (Key Biscayne, fl, 2006).

25 Yoshida Kenko, *Tsurezuregusa (Essays in Idleness)*, trans. Donald Keene (New York, 1998), p. 118.［吉田兼好著『徒然草』所収］

26 Library of Congress Exhibit, *Sakura: Cherry Blossoms as Living Symbols of Friendship*, www.loc.gov に2018年12月27日にアクセス。

27 'How to Play Hanafuda Hawaii Style', www.hanafudahawaii.com に2018年12月27日にアクセス。

28 'An Intro to Karuta', www.japansocietyboston.org, 1 August 2017.

29 Julian Ryall, 'Japan Plants Cherry Trees as Guard against Future Tsunami', www.telegraph.co.uk, 7 November 2011.

30 Lucy Walker, 'The Tsunami and the Cherry Blossom', www.lucywalkerfilm.com に2018年12月27日にアクセス。

31 Anthony Kuhn, 'Celebrating Rebirth amid Devastation in Tokyo', www.npr.org, 4 April 2011.

32 Eliza Ruhamah Scidmore, 'The Cherry Blossoms of Japan', *The Century Illustrated Monthly Magazine,* lxxix/5 (1910), p. 648.

33 'History of the Cherry Blossom Trees and Festival', www. nationalcherryblossomfestival.org に2018年12月27日にアクセス。

34 JoAnn Garcia, 'The Cherry Tree Rebellion', www.nps.gov, 15 March 2012.

35 'Roland Maurice Jefferson Collection', https://specialcollections.nal.usda. gov に2018年12月27日にアクセス。

36 'United States Japan Cooperative Initiatives,' https://obamawhitehouse. archives.gov, 30 April 2012.

37 Chloe Pantazi, 'An Unassuming City in Georgia Is the Best Place in the World to See Cherry Blossoms', www.businessinsider.com, 20 March 2017.

38 'Check Out Real Cherry Blossoms, Lifelike Dolls and More at Gardens by the Bay', www.sg.asia-city.com, 19 March 2018.

39 'China, Korea, Japan in Cherry Trifle', www.thestar.com, 30 March 2015.

40 Elizabeth B. Moynihan, *Paradise as a Garden in Persia and Mughal India* (New York, 1979), p. 122.

41　Aisha Stacey, 'Treating Guests Islamic Way', www.islamreligion.com, 25 August 2014.

42　D. Fairchild Ruggles, *Islamic Gardens and Landscapes* (Philadelphia, pa, 2008). ［D・フェアチャイルド・ラグルス著『図説イスラーム庭園』桝屋友子監修／木村高子訳／原書房／ 2012年］

43　C. M. Villiers-Stuart, *Gardens of the Great Mughals* (London, 2008), pp. 162–6.

44　Andrea Wulf, *Founding Gardeners* (New York, 2012), p. 39.

45 Quoted in William Alvis Brogden, *Ichnographia Rustica: Stephen Switzer and the Designed Landscape* (New York, 2017), p. 19.

46 'The Four Gardens at Mount Vernon', www.mountvernon.org に2017年12月27日にアクセス。

47 同前 .

48 Susan P. Schoelwer, *The General and the Garden* (Mount Vernon, va, 2014), p. 114.

49 'The Four Gardens at Mount Vernon'.

50 Elisabeth de Feydeau, *From Marie Antoinette's Garden: An Eighteenth-century Horticultural Album* (Paris, 2017). ［エリザベット・ド・フェドー著『マリー・アントワネットの植物誌：ヴェルサイユ宮殿 秘密の花園』川口健夫訳／原書房／ 2014年］の中で、著者

51 'Sakura Folk Song', www.self.gutenberg.or に2018年12月27日にアクセス。

52　'It Looks Like Rain in Cherry Blossom Lane', www.archive.org に2018年12月27日にアクセス。

53　'Revolutionary Song in France', www.libcom.org, 11 September 2006.

54　'How Nomaterra Whipped up Their Cherry Blossom Fragrance',
www.dc.racked.com, 27 March 2014.

55 Kyril Zinovieff and April Fitslyon, trans., *Three Novellas by Leo Tolstoy, Family Happiness* (London, 2018), p. 193.

第3章　果実――樹から食卓へ

1　Edward Bunyard, *The Anatomy of Dessert* (New York, 1934), p. 50.

2　同前 ., p. 49.

3　Gina Marzolo, 'Cherries', www.agmrc.org, 2015. に2018年12月12日にアクセス。

4　'Monts de Venasque Cherry', www.ventoux-sud.com, に2019年4月19日にアクセス。

5 'Chinese Demand Propels Chile's Fruit Exports to Record High', www.xinhuanet.com, 9 November 2018.

6　Gillian Rhys, 'Who Invented the Singapore Sling?', *South China Morning Post* (6

August 2015), www.scmp.com.
7 'History Lesson: The Maraschina Cherry', *Imbibe Magazine* (19 December 2016), www.imbibemagazine.com.
8 Leandra Zim Holland, *Feasting and Fasting with Lewis and Clark* (Emigrant, mt, 2003), p. 48.
9 Apicius, *Cookery and Dining in Imperial Rome*, trans. Joseph Dommers Vehling (New York, 1977), p. 52.
10 Mark Shepard, *Restoration Agriculture* (Greeley, co, 2013), p. 92.
11 *The Neapolitian Recipe Collection*, trans. Terence Scully (Ann Arbor, mi, 2000).
12 '110 Years of Fabbri Amarena', *Italian Tribune* (22 October 2014), www.italiantribune.com.
13 'National Pickle Day', www.holidayscalendar.com, に2018年12月12日にアクセス。
14 Sherisse Pham, 'Warren Buffett Is the Face of Cherry Coke in China', www.money.cnn.com, 4 April 2017.
15 Adam Leith Gollner, *The Fruit Hunters* (New York, 2008), pp. 20–21.［アダム・ゴウルナー著『フルーツ・ハンター――果物をめぐる冒険とビジネス』立石光子訳／白水社／ 2009年］
16 Jane Grigson, *Jane Grigson's Fruit Book* (Lincoln, ne, 2007), p. 107.
17 'Céret Cherry Festival', www.southweststory.com, 22 May 2017.
18 Office de Tourisme Intercommunal, 'Monts de Venasque Cherry', www.ventoux-sud.com に2018年12月12日にアクセス。
19 'Kirazli Village – "Cherry Land"', www.kusadasigolfsparesort.com に2018年12月12日にアクセス。
20 'Cherry Stone Spitting – Greatest Distance', https://guinnessworldrecords.com に2018年12月26日にアクセス。
21 Jules Janick, ed., *Origin and Dissemination of Prunus Crops* (Hoboken, nj, 2011), p. 68.
22 Malia Wollan, 'How to Knot a Cherry Stem with Your Tongue', *New York Times,* 23 June 2017.

第4章　木材――永遠の美

1 Bob Dvorchak, 'Accident of Nature Turns Woodland Disaster into Profit', *Los Angeles Times* (19 April 1989).
2 同前 .

3 同前 .

4 Bailey Wood Products, 'Black Cherry (Appalachian Cherry)', www.baileywp.com に2018年12月12日にアクセス。

5 'Parlor Parquet Flooring', www.explorer.monticello.org に2018年12月12日 にアクセス。

6 Charley Hannagan, 'Made in cny: Harden Furniture Used by the White House', www.syracuse.com, 20 February 2012.

7 'Occasional Table: Noguchi Table', www.hermanmiller.com に2018年12月12日にアクセス。

8 Sanae Nakatani, 'George Nakashima', Densho Encyclopedia, www.encyclopedia.densho.org, 12 January 2018.

9 'Harpswell Arm Chair with Back', www.thosmoser.com に2018年12月12日にアクセス。

10 See www.trappistcaskets.com に2018年12月12日にアクセス。

11 Romanian Tourism Facebook, 'Romanian Spoons Tell the Stories of Life', 25 February 2010.

12 'Jonathan's Wild Cherry Spoons', www.woodspoon.com, に2018年12月12日にアクセス。

13 National Museum of the American Indian, Collection Search catalogue #26/756, www.nmai.si.edu に2018年12月12日にアクセス。

14 'McClain's Printmaking Supplies, Cherry Plywood', www.imcclains.com に2018年12月12日にアクセス。

15 Marc Saumier, 'The Local Wood Challenge', www.marcsaumierluthier. com, 20 September 2018.

16 'Wand Wood Series Number Sixty Eight: Cherry', www.thecloveryone.tumblr.com に2019年10月20日にアクセス。

17 'Cherry Wood Magic Properties', www.wiccannaltar.com に2018年12月12日にアクセス。

18 Jane Hunter, *For the Love of an Orchard* (London, 2011), p. 179.

19 Robert and Mary Wilhelm, *A Ghostly Knight*, www.storyfest.com に2018年12月27日にアクセス。

20 'Touching History Pens and Gifts', www.histpens.com に2018年12月12日にアクセス。

21 'Cherry Bark Tea Canister', www.charaku-tea.com に2018年12月12日にアクセス。

22 Kelly Wetherille, 'A Japanese Craft Founded on Samurais and Cherry Trees', *New York Times,* Fashion Section, 3 November 2013.

23 'Tea Accessories', www.charaku-tea.com に2018年12月12日にアクセス。

24 Daniel Moerman, *Native American Food Plants*: An Ethnobotanical Dictionary (Portland, or, 2010), p. 198.

25 '6 Benefits of Wild Cherry Bark', www.healthyfocus.org に2018年12月12日にアクセス。

26 'Kinnikinnick', www.herbcraft.org に2018年12月12日にアクセス。

27 'Uses of Cherry Tree Sap', www.hunker.com に2018年12月12日にアクセス。

28 Jan Timbrook, 'Use of Wild Cherry Pits as Food by the California Indians', *Journal of Ethnobiology*, ii/2 (December 1982), pp. 162–76.

29 Nicholas Culpeper, *Culpeper's Complete Herbal* (London, 1653), p. 45.［ニコラス・カルペパー著『カルペパー ハーブ事典』株式会社ラパン訳・編集協力／パンローリング／2015年）

30 Richard Folkard, *Plant Lore, Legends and Lyrics* (London, 1884), p. 280.

31 'President Zachary Taylor Dies Unexpectedly', www.history.com に2018年12月12日にアクセス。

32 C. Frank Brockman, *Trees of North America* (New York, 2001), p. 166.

33 John Lindell, 'Cherry Tree Leaf Identification', www.hunker.com に2019年4月16日にアクセス。

34 'Diseases of the Weeping Cherry Tree', www.gardennet.com に2019年4月16日にアクセス。

35 Makiko Itoh, 'Cherry Blossom Captures the Flavor of Spring', *Japan Times* (23 March 2012).

第5章　文学、伝説、伝承、絵画

1 Thomas Campion, 'There Is a Garden in Her Face' [1617], in *The Works of Thomas Campion*, ed. Water R. Davis (New York, 1970), p. 175.

2 Ehud Fathy, 'The Asàrotos òikos Mosaic as an Elite Status Symbol', PhD thesis, Tel Aviv University, 2017, p. 5.

3 Collection of the British Library, 'Roman de la Rosa', www.bl.uk/ collection-items/ roman-de-la-rose に2018年12月12日にアクセス。

4 Celia Fisher, *Flowers of the Renaissance* (London, 2011), p. 11.

5 Peter Glum, *The Key to Bosch's 'Garden of Earthly Delights' Found in Allegorical Bi-*

ble Interpretation*, vol. i (Tokyo, 2007), p. 51. 6 Michael S. Beyer, Bosch and Bruegel (2000), at www.towerofbabel.com に2018年12月12日にアクセス。

7 Hans Belting, *Garden of Earthly Delights* (Munich, 2005), p. 7.

8 Metropolitan Museum of Art, collection description *The Holy Family,* at www.metmuseum.org/art/collection に2018年12月12日にアクセス。

9 'The Dutch Art Market in the Seventeenth Century', www.dutch.arts.gla.ac.uk に2019年3月5日にアクセス。

10 Jonathan Jones, 'Caravaggio and the Art of Dieting', *The Guardian* (28 May 2006), www.theguardian.com.

11 同前 .

12 同前 .

13 Margarita Russell, 'Iconography of Rembrandt's *Rape of Ganymede*', *Simiolus: Netherlands Quarterly for the History of Art,* ix/1 (1977).

14 Royal Museum of Fine Arts Antwerp, 'Kersen', www.kmska.be に2018年12月12日にアクセス。

15 P. R. Wilkinson, *Concise Thesaurus of English Metaphors* (London, 2007), p. 40.

16 Stephen Addis, Gerald Groemer and J. Thomas Rimer, eds, *Traditional Japanese Arts and Culture: An Illustrated Sourcebook* (Honolulu, hi, 2006), p. 48.

17 Halle Berry, www.azquotes.com に2019年3月3日にアクセス。

18 Curriculum Topic, Paul Cézanne, www.guggenheim.org に2018年12月12日にアクセス。

19 *Lesson: Rubber Stamping,* www.warhol.org/lessons/rubber-stamping に2018年12月12日にアクセス。

20 Debra Bass, 'Trademark is Cherry on Top of Iconic Dress', *St Louis Post Dispatch* (17 December 2016).

21 David Sheldon, 'How Fruit Machines Got Their Fruit Symbols', www.casino.org, 2013.

22 Amanda Arnold, 'Forbidden Fruit: Why Cherries are So Sexual', www.broadly.vice.com, 1 August 2016.

23 Armelle Sabatier, *Shakespeare and Visual Culture* (New York, 2016), p. 50.

24 同前 .

25 Arnold, 'Forbidden Fruit'.

26 Jane Grigson, *Jane Grigson's Fruit Book* (London, 1982), p. 109.

27 www.revolvy.com/page/Merryland に2018年12月12日にアクセス。

28 Sarah Toulalan, *Imagining Sex: Pornography and Bodies in Seventeenth-century England* (Oxford, 2007), p. 187.

29 Gordon Williams, *A Dictionary of Sexual Language and Imagery in Shakespeare and Stuart Literature*, vol. iii (London, 2001), p. 233.

30 John Garfield, The Wandering Whore, numbers 1–5, 1660–1661, www.archives.org.

31 Arnold, 'Forbidden Fruit'.

32 Monique Truong, *The Book of Salt* (Boston, ma, 2004), p. 261.［モニク・トゥルン著『ブック・オブ・ソルト』小林富久子訳／彩流社／ 2012年］

33 'Cherry Tree Divination', www.magicherbal.blogspot.com, 8 December 2006.

34 Thanh Sam, 'King of Pentacles', www.thanhsam30.worpress.com に2018年12月12日にアクセス。

35 'Cherry Magical Properties', www.eluneblue.com, に2018年12月27日にアクセス。

36 'Cherry-Mary and the Cherry Tree', www.herberowe.wordpress.com に2019年3月3日にアクセス。

37 Rebecca Buyer, 'The Folkloric Uses of Wood: Part v: Cherry', www.bloodandspicebush.com に2019年3月3日にアクセス。

38 'Barbarazweig', www.german-way.com に2019年3月3日にアクセス。

39 Mary Joan Winn Leith, 'The Origins of the Cherry Tree Carol', www.biblicalarchaeology.org に2018年12月12日にアクセス。

40 'I Gave My Love a Cherry', lyrics at www.songfacts.com に2018年12月12日にアクセス。

41 'Soul Cake', lyrics at www.revolvy.com に2018年12月12日にアクセス。

42 Georg Frideric Handel, 'Acis and Galatea', lyrics at opera.stanford.edu に2018年12月12日にアクセス。

43 'Cherry Ripe', lyrics at www.bartleby.com に2018年12月12日にアクセス。

44 'Life is Just a Bowl of Cherries', lyrics at www.songfacts.com に2018年12月12日にアクセス。

45 'Sweet Cherry Wine', lyrics at www.songfacts.com に2018年12月12日にアクセス。

第6章　サクラの未来

1 Emma Cowing, 'Raspberries in Decline as Blueberry Demand Soars', *The Scotsman* (8 September 2013), www.scotsman.com.

2 'Observations from Carandale Farm, Meader Bush Cherry', www.uncommonfruit.cias.wisc.edu に2018年12月12日にアクセス。

3 G. Gradinariu, 'New Cherry Cultivars and Hybrids Created at iasi Fruit Research Station, Romania', International Society for Horticulture Science, 2008, www.ishs.org に2018年12月12日にアクセス。

4 'Research on Cherry Blossom Trees', www.newvoicesforresearch. blogspot.com, 1 April 2009.

5 'Japanese Scientists Create Cherry Tree that Blooms all Year Round', *The Telegraph* (17 February 2010), www.telegraph.co.uk.

コンスタンス・L・カーカー（Constance L. Kirker）
ペンシルベニア州立大学元教授（美術史）。カリナリー・インスティテュート・オブ・アメリカシンガポール分校でも教鞭をとる。ガーデニング、フラワーデザイン、食文化に造詣が深い。著書にニューマンとの共著『食用花の歴史』（原書房）がある。

メアリー・ニューマン（Mary Newman）
オハイオ大学元教授。毒物学博士。公共経営学博士。ガーデニングを愛するかたわら、ウエディングケーキのデザインも手がける。アメリカに本部を置く国際料理専門家協会（IACP）会員。著書にカーカーとの共著『食用花の歴史』（原書房）がある。

富原まさ江（とみはら・まさえ）
出版翻訳者。『目覚めの季節～エイミーとイザベル』（DHC）でデビュー。小説・エッセイ・映画・音楽関連など幅広いジャンルの翻訳を手がけている。訳書に『老人と猫』（エクスナレッジ）、『図説 デザートの歴史』『トリュフの歴史』『ベリーの歴史』（原書房）、『完全版 ビートルズ全曲歌詞集』（ヤマハミュージックメディア）、『ルーヴル美術館 収蔵絵画のすべて』（ディスカヴァー・トゥエンティワン／共訳）など。

花《はな》と木《き》の図書館《としょかん》

桜《さくら》の文化誌《ぶんかし》

●

2021年4月23日　第1刷

著者……………コンスタンス・L・カーカー
メアリー・ニューマン

訳者……………富原《とみはら》まさ江《え》

装幀……………和田悠里

発行者……………成瀬雅人

発行所……………株式会社原書房

〒160-0022 東京都新宿区新宿1-25-13
電話・代表 03(3354)0685
振替・00150-6-151594
http://www.harashobo.co.jp

印刷……………新灯印刷株式会社

製本……………東京美術紙工協業組合

ISBN 978-4-562-05920-1, Printed in Japan